中国历史的瞬间

李永炽　著

上海三联书店

图书在版编目（CIP）数据

中国历史的瞬间 / 李永炽著 . —上海：上海三联书店，2015.1
ISBN 978-7-5426-4991-1

Ⅰ.①中… Ⅱ.①李… Ⅲ.①中国历史 – 通俗读物
Ⅳ.① K209

中国版本图书馆 CIP 数据核字（2014）第 266912 号

中国历史的瞬间

著　　者 / 李永炽

责任编辑 / 陈启甸
装帧设计 / 曲晓华
监　　制 / 吴　昊

出版发行 / 上海三联书店
　　　　　（201199）中国上海市都市路 4855 号 2 座 10 楼
　　　　　http://www.sjpc1932.com
邮购电话 / 021-24175971
印　　刷 / 三河市兴达印务有限公司
版　　次 / 2015 年 1 月第 1 版
印　　次 / 2015 年 1 月第 1 次印刷
开　　本 / 710mm×1000mm　1/16
字　　数 / 232 千字
印　　张 / 16

ISBN 978-7-5426-4991-1
K·299　定价：38.00 元

现代人的历史读物

——《中国历史的瞬间》序

子敏

"研究历史"跟"写历史读物"是完全不相同的两件事情。"研究历史"的人如果要写历史读物，就必须具备写作的才能。这不是每一位历史学者都办得到的。

我们不可能要求每一个人都去研究历史，做一个历史学者，不过，希望人人都读一点历史读物却是合理的。阅读历史读物能丰富我们的精神生活，使我们有机会吸收人类不断累积下来的宝贵经验，使我们心中的河山更壮丽，不仅包括现在，而且包括全部的过去。阅读历史读物，使我们能再经历不可能经历的往事，接近不可能接近的古人。

好的历史读物不应该是历史文件的编辑，它应该负责地用现代语言告诉读者那文件里说的是什么，因为它努力的目标是使现代人"懂"，为现代人做解释。直接阅读一般人看不懂的文件是学者的事，一般读者并不直接研究历史。好的历史读物都应该是用当代语言为当代读者写的，可见写历史读物是有许多技巧好讲究的。一位好的历史读物作家应该具备丰富的历史知识，同时又能活泼地运用各种写作方法。

这部《中国历史的瞬间》是为现代中国人写的中国历史读物。作者李永炽先生为了使这本书成为人人可读的历史读物，全书都用活泼的现代语言来写作，同时也活泼地运用各种趣味的写作方法。

举一个例子说。在《明末清初的西方传教士》这一讲里，叙述明朝末年一位礼部侍郎弹劾利玛窦的话，就完全特意用现代语言来改写，如："看那蛮人所写的《天主教要解略》就可知道，他们奉为天主的耶稣跟玛利亚是汉哀帝时诞生的西夷人，耶稣是被判刑钉在十字架上的罪人，这样的罪人怎可说是天主？……"

这样的叙述，很能传达出那位礼部侍郎的口吻跟他对耶稣的误解。至于找出那位礼部侍郎所写的文言文原文是什么，那完全是研究历史的学者的作业，一般的现代读者并不需要知道。如果这一段弹劾文采用的是"原文照录"的学术著作方式，那么一般的现代读者只有边读边猜，或者翻检《辞海》，甚至跳过不读。这样，读历史读物就会成为苦事，同时，读者也会遭遇"失去许多好东西"的损失了。只要作者是负责任的，历史文件用现代语改写，是使读者对历史发生兴趣的最佳方法，也是帮助读者从历史中吸取智慧的有效方法。

这部书从五十万年前的"北京人"，一直叙述到清代。这部书的叙述方式并不按照一般历史课本的方式，而是采取了另外一个角度，历史课本说不了那么详尽的，反而成了这部书要"讲"的题目。读完这部书，再去读历史课本，就会觉得历史并不那么枯燥乏味，就能体会得更多。单独读这本书，等于读了一部活活泼泼、特别有味儿的中国史，而且能培养高尚的历史趣味。

李永炽是《国语日报·史地周刊》的主编，因此这本书的文笔也是漂亮的"《国语日报》体"，完全用既可以看又可以听得懂的现代语言来写作。书中这一百多篇，几乎都是"讲"出来的，所以读起来有一种语言和文字的"共鸣感"，特别亲切，像好听的音乐。

这本书里，《杨隋家庭的悲剧》《平淮西——唐宪宗的中兴伟业》是秋柳先生的手笔，《孔子的官职》是黎亮先生的手笔，《郑和与航海事业》是沙灵先生的手笔。李永炽先生说，这四篇文章虽然不是他写的，却是在他主编的"史地周刊"发表过的，内容、形式都跟这本书的体例吻合，所以舍不得，特地也选录出来，介绍给读者。这一点是应该向读者声明，向作者致谢的。

这些文章在"史地周刊"单篇发表的时候，已经很能引起读者的兴趣。现在按时代先后重新排列，集中在一起出一本书，一定会更受到读者的欢迎。

李永炽先生一身兼有历史学者跟作家的双重才能，我们有理由相信这本书会成为人人爱读的中国历史读物。

目录

"北京人"的生活

　　自"北京人"在周口店的洞穴出土以后，从该洞穴也挖掘出许多非常原始的石器，这些石器必定是"北京人"所制作的器物。同一洞穴也堆积着许多兽骨，其中有现在已经绝种的鬣狗跟巨角的肿骨鹿。这些都成为推定"北京人"时代的线索。在这些兽骨中有许多是人们用刀类割切的。"北京人"不仅猎取这些野兽供食用，还把它们的骨加工制成骨器。总之，周口店提供了旧石器时代早期的罕见实例。

　　在周口店出土的人骨大约有三十九具，大部分是头骨，四肢跟其他身体部分的骨骼发掘得很少。就这些人骨的年龄来看，除掉百分之四十年龄不明的以外，其余百分之六十中的百分之四十是十四岁以下的小孩，四十岁以上的人只占百分之十。这也许是当时卫生状况不佳所致，但是也有人认为"北京人"有猎人头、食人肉的习惯。究竟如何，到现在还是一个谜。从洞穴挖掘出来的动物骨骼与头角，有些有黑痕。经过精密的化学实验，才认定这些骨骼上留有黑痕的部分是火烧的痕迹。洞穴内黑色的堆积层则是木块火烧后留下的炭化物。"北京人"已知道用火烧猎取的野兽来吃，也知道在洞穴入口的附近烧柴来防止猛兽的入侵，似乎也知道用火烧兽骨来制造骨器之类的东西。

　　总之，"北京人"似乎已经知道用火，并自制石斧、骨器之类的东西。

中国新石器时代的文化

　　根据专家学者的研究，由出土的古器物推断，人类文明的发展，是按旧石器时代、新石器时代、铜器时代（金石并用时代）、青铜器时代和铁器时代的顺序逐渐进化而来。我国文明的发展自然也不例外。根据考古的发现，"北京猿人"代表我国旧石器时代初期的文明，距离现在大概有五十万年。"山顶洞人"代表我国旧石器时代晚期的文明，距离现在大概有两万多年。"仰韶文化"跟"龙山文化"是我国新石器时代的文明，当时的人类已经知道利用琢磨的方法制造石器，并且会用火烧制各种土器。殷周时代相当于青铜器时期。从春秋末期，中国人已经知道使用铁器，进入了铁器时代，水利灌溉的技术也迅速发展。在我国文明发展过程中，似乎缺少铜器时代。新石器时代与青铜器时代中间，是不是经过铜器时代，因为缺乏古物证明，还难以断定。现在特别提出新石器时代具代表性的"仰韶文化"跟"龙山文化"谈一谈。

仰韶文化

　　1918 年，受我国聘用的瑞典学者安特生（J. G. Andersson）听说河南省渑池县仰韶村有许多磨制的石器出土，就在 1921 年正式在仰韶村开始发掘。他发现了许多以红、黑两色在表面上描绘图案的土制器皿，这种土器通称为"彩陶"。1922 年秋天，又在仰韶村发掘出新石器时代的住居遗址。在这遗址上处处可以看见圆形的竖穴，直径由 2 米到 3 米不等，深度由 0.5 米到 3 米不等，是半地下式的竖穴住屋。包括这些竖穴在内的文化层南北长 600 米，东西宽 500 米，是新石器时代一个聚落的遗迹。

1954 年，又在陕西省西安的半坡村发掘到隶属仰韶文化末期的住居遗址。各住居洞穴遗址的底部都很坚实平坦，留有柱与炉的痕迹。此外还有许多大小不同的半长方形、半地下式的小屋互相连接，仰韶人似乎已经组成大村落，过着定居的生活。

在仰韶遗址上，还发现了石镞、骨镞和鹿骨，证明他们仍经常以狩猎维持生活。就动物来说，有大量的猪骨、狗骨，似乎已将适于定居生活的猪当作主要家畜。在种类繁多的石器类中，有割制兽皮的石刀、收割稻穗的石镰以及其他农业用具。最令人吃惊的是，在仰韶村掘出的瓷型土器碎片上留有稻壳的压痕，可见当时已经知道种植稻米。由当时的村落状况跟稻谷的出现，可以知道当时农业技术已经相当进步。出土的器物中还有石纺轮、陶纺轮和骨针，表示仰韶时期妇女已经从事纺织类的手工业。

1923 年春天，在青海西宁朱家寨发现了彩陶遗迹。掘出的住居遗址，面积比仰韶村的大，住居附近并有埋葬遗骸的坟墓，这是仰韶村所没有发现的。不久又在甘肃洮河流域相继掘出半山、辛店、齐家坪等遗址，其中住居遗址上都杂有坟场。半山区出土的陶壶，以红、黑两色为主，绘有旋涡形、瓢形跟锯齿形等各种图案，变化很多。这些图案是墓中土器所独有，可能与丧葬仪式有关，或许装饰性成分较大；同时掘出的有比较粗糙的红陶，供煮食之用。齐家坪出土的陶器是单色的，比较近于黑陶文化。

上述的彩陶文化，大都散布于黄河中上游的黄土高原地带，与仰韶文化大致同一系列，所以也可以称为"仰韶文化"。就仰韶出土的陶器说，有精美的彩陶，也有粗制的灰陶。灰陶中有鼎与鬲，是供煮肉、煮菜、煮谷物之用的器具，这是中国特有的器物，世界其他地方都没有发现过。就彩陶文化的时期而论，以仰韶最早，齐家坪最晚，大概相当于公元前 2500 年到公元前 1700 年。

龙山文化

新石器时代的文化由仰韶期进入龙山期，中国民族也渐由黄土高原移向黄河下游的平原地带。

1930 年，中国年轻考古学者吴金鼎在山东省济南市龙山镇城子崖发现了新石器时代的遗址。这里出土的陶器如黑漆般带有光泽，薄如蛋壳。可见当时的人已知精选陶土，并已使用陶轮制陶，手制的器皿已渐减少，显然制陶技术已比彩陶时期更为进步。

与城子崖黑陶类似的黑陶文化遗址，以山东地方为中心，散布于辽东半岛、河南省和杭州湾沿岸。这些遗址都位于不超过海拔 200 米的河谷地带或平原上的小丘陵地。就遗址推断，龙山期居民的村落，已比仰韶期的村落广大得多。聚落虽也由竖穴式住居构成，但是已知用石灰筑墙，生活技艺又前进了一步。

从城子崖遗址掘出许多狗、猪、马、牛、鹿等动物的骨殖，其中以猪、狗为最多，马和牛较少。显然猪与狗是当时的主要家畜。由牛、马重要性的提高，可见豢养家畜已成当时的重要事业，游耕方式已逐渐消失，定居生活更加确立。

龙山遗址大量出土的还有石、石凿和鹿角制成的楔子，手工很精巧，这都是用来伐木垦地的工具。石刀有半月形、双孔、偏锋或镰形，这或许表示石刀的主要用途已是割取稻穗，剥制兽皮已经降为次要的工作。

鼎、鬲等三足陶器，在龙山文化遗址上出现得更多，贝器的使用也显著增多，甚至还有占卜用的卜骨，这或与殷商文化有关。

由仰韶文化与龙山文化可知，新石器时代的祖先已从黄河流域的黄土高原移居到平原地带，过着定居的农耕生活，聚落逐渐扩大，生活也渐趋安定。

殷商时代的住与食

　　殷商人所住的地方，因其身份而不同。王住的宫室把南北长 24 米、东西宽 4 米的一栋房子分为五个房间，四周围以土墙，屋顶用木板等盖成。东西两边有类似走廊的部分。建宫室的时候，大致先在平地上建高 1 米左右的土坛，然后在上面置柱石，但宫室是用木头跟泥土建筑的，所以现在只能靠它的基石和柱洞来推定它的面积。不过，建筑物的面积也大都不清楚，只能靠土坛和散乱的基石来了解它的大概情形。

　　一般人住的大都是半穴居，也就是从平地上挖下丈余的竖穴，上盖屋顶。内部留有炉灶和祭坛的痕迹。这些小住家最多只能住五个人，由此而构成一个小家庭。这种小住家二三十所集在一起，构成一个大氏族。都城跟地方上的大城市不仅有王宫似的大建筑物群，也有许多这类小住家，这些大都是官吏跟青铜制造者居住的地方。由此观之，殷商文化的中心显然不在这类城市，当时的国家也不是只靠这类城市构成。都市四周的原野有许多由小家庭构成的氏族，也就是说有许多村落。氏族的成员大部分是农民，耕种住家附近的农地，战时则需服兵役。今河南郑州与辉县等地的大城市都有地方上的王住着，附近的农民都归他控制。殷王则以宗教的权威君临这些地方上的国家。

　　殷商时期，人民似乎已知畜养牛羊，牛羊也是当时祭祖使用的牺牲。但狩猎和畜牧并非当时的主要作业，当时的生产中心是农业。从甲骨文和考古学的资料看来，当时农业的主要生产品是黍、粟和麦。是否有稻，现在没有确实的资料。但从屈家岭文化的新石器遗迹曾发现大量稻米一事看来，殷商时，可能已有稻。

殷商时代的社会

就时代区分来说，殷商的历史大概可分三个时期。前期约在公元前 1600 年，其文化分布于河南省黄河南岸一带，范围较狭小。中期约在公元前 1450 年，势力范围已经达到湖北省长江北岸一带。到后期（约公元前 1300 年），殷人的势力已越过长江，及于江浙。换句话说，殷商后期，内部的阶级分化逐渐明晰，因此，它的文化开始向外扩展。

从文化来说，中期是青铜器出现的时代；就政治来说，是王系表最混乱的时期，而且常常迁都。这一时期也是殷商内部阶级分化最激烈的时期。到后期，强大的王权逐渐形成，内部较稳定，王位的继承也逐渐由以前的兄终弟及易为父子相继，都城也定于殷。后期的王权看来好像很强大，其实它是建立在氏族间的均势跟联合上。均势一旦破裂，氏族便纷纷离去。纣王暴虐，故使诸侯背弃，于是周朝崛起，推翻了纣王，这是殷王无法维持氏族间的均势所致。

从殷商中期起出现了许多青铜器。从考古学来说，已由石器时代进入青铜器时代。当时，青铜是一种非常贵重的东西，只有有势力的人才能够拥有。用青铜制成的利器是作战用的武器，而非生产用具。农业上所使用的器具跟石器时代一样，是石器跟木制的器具。因此，制造青铜的技术还没和生产技术的进展发生关系。

从新石器时代开始，中国人已经使用羊、鹿与牛的肩胛骨占卜。到殷商中期，也用龟甲占卜。到后期，占卜所用的甲骨记载了占卜的内容，这就是甲骨文，或称卜辞。根据甲骨文的记录，殷王是祭祖时的主持人，也是卜师的首长。王是神跟人的媒介，死后变成神，因此一切事物都靠神意来决定，也需得到神佑。不管是战争、耕种，还是人的健康，都需向神祈祷。祭祀时，要燃薪柴，唤神灵，供牛羊为牺牲，注酒于地，歌舞祈祷。殷周时代的青铜器大都是用在祭祀上的。当时，祭祀通常在屋外举行。王在宫内庭院建圣坛，然后祈神于其上。

当时的军队大约由三千人组成，有时也达一万人，这些军队由氏族中选出构成。军队的重心是贵族（氏族族长或王之后人）编成的战车队，每辆战车可乘三人，五辆为一队。战车队配有五人一组、共五组的亲卫步兵。每组亲卫步兵率领二十班的步兵，每班士兵五人、士官一人，所以每一个战车队共有大约一百五十人兵力。除此以外，还配属有几百人的步兵团，构成一个军团。殷王的主要军队约有八个，故称"殷八师"。主要的战车队由四匹或两匹马拉引的战车构成。每辆车都有青铜制或贝制的装饰，战车上的人手持弓矢、戈跟刀子。这三种武器中，最基本的是戈，步兵大都持戈以战，戈不仅是用青铜制造的，也有很多是石制的，还使用皮革制的盾与青铜制的矛。这些士兵，除了上级的一部分，平时大都住在各地的都邑（城市与村落），从事农耕。当时，阶级已分化，王跟贵族位居一般氏族成员（农民）之上，其数极为有限。制作青铜器的技术人员则靠手艺谋生。其他大部分的官吏利用自己的族人跟少数奴隶耕种，借以维持生活。王室所需得自农民贡租与各国贡纳。譬如，占卜使用的龟甲是南方诸国进贡而来的。当时作各种贱役，或被当作祭祖牺牲的羌，便是由西方各国进贡来的。他们虽被当作奴隶使用，但其工作主要是服侍王侯与贵族，并不是农业上的奴隶。一般氏族成员平时农耕，战时则需从军作战。

8

周初的政治与社会

　　武王去世以后，成王即位，由周公摄政。武庚与管叔、蔡叔等联合叛变，经周公亲自东征，平服东方叛变集团后，周的势力才真正统有山东、江苏一带地区。

　　殷商的文化圈东起山东半岛的西半部，南达长江南岸。这文化圈跟从西方来的周朝，不管在风俗上，还是语言上，都有不同。因此，周朝要统治这些新征服的土地，可不是一件简单的事。周公为了能有效统治这片区域，首先在现在的洛阳附近建立一个新的政治首都，然后把殷移民迁移到这里，并且把这新都叫做"成周"，以与奉祀周宗庙的"宗周"并立。周这个新首都完成时，周公迎成王到新都，向诸侯宣布还政成王。

　　此外，为了有效统治天下，还模仿殷的政治组织，实施封建制度。殷的政治组织以部族联盟为基础，一部族或若干部族组成一个国家，再由这些国家集聚而创出殷的国家组织。殷的直接统治区域，即畿内，由殷的部族居住。畿内以外的地方有殷的部族，也有殷以外的部族。殷商为了统治这些畿外的地方，给予各部族的首长公、侯、伯、子、男的爵号。公、侯、伯是上层诸侯，统率下层小部族的子、男，对殷王则有朝贡的义务。周便是模仿这种制度。周和殷制度上的不同点是周把同姓的族人分封于华北平原一带为新诸侯，以便统治新征服的地区。周也把诸侯分为公、侯、伯、子、男五爵，并依据爵位的不同而给予方百里到五十里的封地，军队数目也需受爵位的限制，大国诸侯三军，次国二军，小国一军，天子则有六军。周朝的这种统治制度，一般称为封建制。

西方的封建制度是建立在君主跟家臣间的契约上，家臣需向君主宣誓效忠，君主有保证家臣安全的义务。可是，周的封建制并不是基于君主跟家臣的个人忠诚关系，而是以宗家跟支族的关系联系起来的。宗家拥有宗庙，因此，支族应参加宗庙的祭祖，并为其服务。周朝封建制度最大的特征便是透过这种宗族关系团结起来。所以，我们可以说周朝的封建制是建立在这种宗法关系上。譬如，周天子对分封为诸侯的众子来说是"大宗"，众子对周天子是"小宗"。在封地里，每世诸侯都以嫡长子继位，是为"大宗"，分封为卿大夫的众子则为"小宗"。

此外，周族跟完全没有血缘关系的其他部族，由于住在同一个地方，信仰同一个土地的神，而组成了强固的地缘关系。同时，由于周朝厉行外婚制，更容易借婚姻关系和其他部族融合，超越了部族间的差异，使地缘关系更为密切。

殷人敬鬼神，先鬼（死人的灵魂）后礼，借神的意志来施政，而且认为一切现象都有它一定的轨道。这些轨道，可以借鬼神作媒介来了解。也就是说，天命一成不变，但是可以透过神来预知它，大自然跟人间世的一切变故都不是偶然的，都是因神的意志才产生。总之，这是一种命定论。周初，周公和召公的想法就跟这些想法有所不同。他们认为，人出生的时候，天已经决定了他的命运。人的三命为是否会成年、一生的吉凶，以及寿命。同样的，新王朝建立时，就已从上天得到跟以前王朝同样无限的寿命。夏、商都从上天得到无限寿命，因为它们不敬重德行，很快就灭亡。周朝如果不注意敬德，寿命未到就会灭亡。命虽然由上天赐予，可是，不敬重德行就无法保全寿命，从而早夭。从这些想法看来，周虽然相信命之一定，但是，认为要是不慎修德行就会早夭，要是慎修德行就可永享天命，这种靠修德来维持天命而不像殷商那样单靠鬼神来预知天命，是一大进步。

殷人敬鬼神，周人崇礼，敬鬼神而远之。殷人认为从鬼神可预知天的意志；周则对祖先的神尽礼而拜，也重视祖先的功业跟祖先留下来的训诫。殷人认为神很可怕，所以奉牺牲来讨好神；周人认为祖先之灵是善，只要子孙从礼祭祀，祖先就会向子孙显示忠言。所以周朝尚礼，重视祖先遗训，认为这样就可以维持天命。这种靠人的意志来维持天命的观点，可以说摆脱了殷人鬼神的控制，给人一种道德上的自由。这也许可以说是周公与召公对周朝的最大贡献吧。

周昭王与周穆王

周成王的时候，周的势力已经远达长江南岸跟山东半岛的东北部，可是维持得并不久。到了康王时，是一个比较和平的时代，有四十年不曾发生战争。这时，由于江南地区离周的都城较远，渐渐失去控制。恢复这个地方统治权的是周昭王。关于周昭王，有这样一段故事：昭王按征伐武汉时的路线过汉水，对昭王很反感的船头骗昭王搭坐用胶粘成的船。行到中途，胶融化了，船也破成片，沉入水中，于是，昭王溺死水中。这大概是儒家不赞成昭王用武力推行政治制造出来的传说。不过，汉水流域曾经发掘出周的铜器，所以，周的势力达于此地是确实的。周昭王南巡，南夷、东夷曾去迎接他，这件事也记载在西周中期的钟鼎上，昭王南巡也是事实。

次于昭王的穆王为了把势力扩展到西北地方，曾兴军攻打犬戎，有人劝他说，兴兵边疆有悖以德服人的原则，这样反而会让来朝的四方部族叛离，何况犬戎代代入贡。但是，穆王不听，入犬戎领域，猎白狼与白鹿各四匹而归。西北的部族就此不再入贡。白狼与白鹿是犬戎灵兽，侵犯他们的猎场，射取灵兽，自然会给他们很大的刺激。据说，穆王还曾远赴昆仑山会西王母，乐而忘返。关于穆王事迹，有一件是不能漏掉的，那就是他的修改刑罚，制定新法。《书经》曾留下《吕刑》，据说，这就是穆王所制定的新法。西周从昭王、穆王的时候开始，领土逐渐扩大，只靠以前的德治是无法统治这广大区域的，因此开始推行以军力跟法律使周朝势力推展到边疆的政策。总之，从昭王起，周的统治法则似乎已从德治逐渐变为法治。

周代的工艺

本文所说的周代，包括西周、春秋时期与战国时期。所谈的工艺限定在青铜器跟青铜镜方面。

青铜器的发展始于殷代，到殷后期已非常发达，西周与春秋战国时期已出现千变万化的形式。青铜器本来是殷王祭祀祖先用的祭器，形式有酒器、食器跟铜器，器上都雕有兽类面部的图案，也有怪鸟的图案。西周时，还承继着这个传统。但从春秋时期开始，这传统已经逐渐衰退，雕铸的图案已变成平板的，没有图案的部分增加，形成了细致的花纹带。到战国时斯，西周的传统破坏得更彻底，传统的器具形式与雕铸的图案衰退，器物表面更平滑，而且配上了金银的镶嵌装饰。镶嵌手法的出现，青铜器的色彩效果跟高尚趣味的兴起与流行，是战国时代最伟大的成就。作为宗庙器具的尊严已逐渐淡薄，而成为王侯宫廷宴客的装饰品。殷周的图案不用平滑的几何学的直线和曲线。战国时期铜器的镶嵌图案已超越兽面图案，创造出几何学的图式，表现出美丽曲线的韵律。铜带钩之类的装饰器具也有许多金银镶嵌的精巧作品。此外，镀金的技艺也始于战国，而且很流行。

战国的一大特色是南方大量制造铜镜，北方流行带钩。带钩本是北方胡人固有的服饰，传入中国后，便被制成美术工艺器。综合美玉、金银镶嵌与镀金方法的若干带钩，已从洛阳金村的战国墓挖掘出来。

战国时期，青铜镜也大量出现。它的出土地是长江中游的长沙跟淮河流域的寿州一带，是当时楚文化的一支，后来才逐渐及于黄河流域。

　　战国青铜镜的特色是铜质的精炼度不够，稍微薄一点；虽有方镜，但以圆镜为多。镜的背面精细的显出浅薄的雕铸图案。图案的表现方式有三种：一是纯粹的隐式图案，二是隐显图案的双重结构，三是隐显两图案之外另加上一层图案的三重结构。第二跟第三的图案表现形式是战国青铜镜最显著的特色，汉代铜镜已无这类多层式的图案。所谓"隐式图案"，是把青铜器的图案分解，构成类似纺织品上的小花纹。所谓"显式图案"，就是在这隐式图案上配上山字图案、鸟兽图案等的模式，这样，便构成了各式各样的形式，给人一种回旋的韵律感。汉代的铜镜以雕铸的图案为最多。

春秋与战国的差异

　　一般认为春秋时代是因《春秋》一书而得名（终于公元前 480 年），战国时代是因《战国策》一书而得名。但是《战国策》对战国初期的情形不会记载，因此《春秋》跟《战国策》的记载之间有一段空白期。这样，春秋时代的终期跟战国时代的始期就发生问题了，于是，一般就以司马光《资治通鉴》的记载作为这两个时代的分界线。也就是说，战国时代始于魏、韩、赵三国分晋，获得周室承认的时候（公元前 403 年）。

　　战国时代是春秋时代两百个国家逐渐合并而统合为七强国的时代。春秋时代，宗法制是基本原则，是同一祖先分出的宗族透过祖先崇拜的仪式而团结起来的。到战国时代，宗族的关系已从国家组织中消失，君主跟臣子是以个人间的忠诚关系团结起来的。其实，春秋时代中期，就像晋文公跟从者的关系那样，宗法制已逐渐移向君臣间的主从关系了。到春秋晚期，这种现象更为明显。豪族（如齐国的田家）中的新宗族跟家臣已全靠君臣个人间的忠诚关系结合。战国时代的齐国被新兴的田家取代，晋被韩、赵、魏三家所瓜分，这四国都把豪族跟家臣的主从关系带进国家的组织。

　　这些国家就像专制国家那样，君主跟臣子的关系并非基于传统的宗法关系，而是基于君臣间人格上的关系。换句话说，春秋时代，仍然以周王室为宗家，战国时代几乎不谈这些了。春秋时代，中央政府不仅还被尊重，而且还有一些实力。但是到战国时代，只空有其名，它的存在几乎被忘得一干二净。

春秋时代重祭祀，列国彼此有使臣往来，表面上还尊礼；会盟时，先歃血的居上位，因此常为歃血的先后发生争执。虽然这样，还是很注重传统，同姓诸侯按血缘的上下，异族诸侯则按与周室的亲疏来决定歃血的先后顺序。

到战国时代，会盟的先后顺序已完全不重视这种宗法关系了。春秋时代会盟前后，诸侯与大臣们常聚在一块举办盛大的宴会，在宴席上，各诵《诗经》的句子来交欢。战国时代，这种宴会已不再举办，政治的外交往来已脱离宗教跟艺术，缺乏宗教与宗族的精神，只一味炫耀军事实力、经济实力和财力。换句话说，已从宴会外交转向实力外交。宴会外交中，博学多识的子产最受欢迎。到实力外交的时候，详知目前政治、军事跟经济，又精通各国利害关系的人最受敬重，可以说是以辩才说服对方的宣传外交的时代。

战国时代的另一个特征是大都市的兴起。春秋时代的都市不十分大，城广约3000米见方，户数充其量也只有一万户左右。到战国时代，据说有方千丈的城，万户的邑，如果一户平均五人，则战国时代已有五万人口的都市。七强国的都城规模非常大，农村人口似乎已向都市集中。齐都临淄是当时最大的都市，据说有七万户，每户有壮丁三人。因此，假如这数字准确无误，只壮丁就有二十一万了，总人口将超过五十万人，在古代是世界最大的都市。城中市民都很富有，从拉琴吹笛到斗鸡、赛犬、搏斗等，各种游乐都有。

中原四国——齐、魏、赵、韩——国君是靠不法手段夺取国家的，所以总觉得有弱点，于是，尽力推展文化事业来博取市民与知识分子的欢心。其中，魏文侯跟齐宣王可说是他们的代表。魏文侯的都城安邑因聚集了许多闻名的贤者，如孔子的学生子夏，而成为战国初期的文化中心。子夏有个学生是出身批发商家庭的，他的家就在市场的旁边，据说，魏文侯每次通过这条街，都从车上站起来，远远地作揖。国君既然如此敬重贤者，太子跟其他大官自然也就敬重贤者了。太子有一天在路上碰到大儒田子方。太子避路下车行礼，田子方连礼都不回地要走过去。太子忍不住责备："是富贵的人可以骄人呢，还是贫贱的人可以骄人？"田子方答："当然只有贫贱的人可以骄人。诸侯骄人会失去国家，大夫骄人会失去家。贫贱的人要是不满意，什么地方都可以去。"太子只好茫然地目送他过去。魏文侯从全国各地召来的儒者当中有通晓法律、经济的李悝。文侯信任他，根据他的学说修改法律、制定新法典，文侯也根据儒家的理想准备把国家改造成理想的新国家。

魏文侯尊重学者，以学者为师，齐宣王则保护学者，奖励学术。宣王曾在临淄的稷门边，建一学者住宅区，让学者们住在那里，以上大夫的名义给予高薪，让他们每天都能够无忧无虑地讨论学问。当时聚集到这里的读书人达千人，其中有名学者而名列上大夫的就有七十六人。到齐湣王时期，齐国依然是当时的学术中心，战国诸子百家是在当时开明君主的保护下开花结果的。战国末期，齐国衰微，学者离去，集中到楚国春申君那儿。战国最后的学术保护者是秦相吕不韦。总而言之，礼遇贤者，保护学术，也是战国时代跟春秋时代不同的一点。春秋时代学术大都由贵族阶级独占。

战国中期的局势

战国中期，齐都稷下的思想家们，终日无所事事、空谈度日的时候，中原各国的工商业已经逐渐发展，经济跟工业也正一步一步地改进。

从春秋中期、后期起，由于知道如何炼铁，所以铁器的制造也开始了。这时候，青铜器只被当作祭祖的器具或武器使用，铁不仅被用作武器，也被用作农具。由于铁锹、铁锄、铁镰等之制造，尤其是牛耕的开始，一户农家所能耕种的土地面积扩大了。农业的技术革命已经在进行。货币的流通始于殷朝的贝。纺织业跟制铁业等工商业进步以后，各国已用青铜铸造货币。大都市里，商人们都聚集到广大的市场。市场的指导人物被称为"侩"，已有强大的势力。在这经济发展中，当时的思想家能注意及此的只有李悝一个人，其他思想家大都在做些形而上学的辩驳。李悝为了调和工商业跟农业之间的矛盾，曾想去统制物价，创出了自己的经济政策。

可是，被中原各国所蔑视，文化也没什么进步的秦国，为了使落后的经济得以发展，采用了新的政策。

秦到公元前 384 年才废除以人殉葬的制度，其落后性由此可见一斑。到战国中期的秦孝公，才开始用从卫国逃来的商鞅实施政治、经济方面的改革。

商鞅的政策是以魏国李悝的政策为典范。商鞅是个重农主义者，他认为要充实国力，必须先开拓耕地。为了推展开垦政策，他让次男以下的男子另立门户，否则征收两倍的租税。有军功的人，即便是庶人，也按照斩敌首的数目给予上爵。此外，又将人户分成十家、五家，构成一个单位，其中如有一家犯罪，其他各家不举发的话，要受同样的处罚，这就是连坐法。为了严厉实施这些政策，实行从魏学来的刑法，他虽然一方面压制商人，却又积极奖励纺织类的工业。

在这以前，贵族们都以村镇为领地，世袭领有。商鞅却废除贵族的领有制，并乡邑设郡县，由中央政府派遣官吏管理，可以说是中央集权的表现。在东方的中原国家中，领有制的废除跟郡县制的推行是自然而缓慢实现的，并不是有意的改革。秦是落后国家，所以可以借强权做全国性的彻底推行。商鞅在位十年，实行这些政策获得了相当的成就。但是，它从根本上破坏了以前的贵族政治，当然会使王族跟贵族们大为反感。

孝公去世，惠文王即位，受尽压迫的贵族们开始抬头，诬赖商鞅谋叛，而要逮捕他。于是商鞅开始逃亡。他逃到关卡的住宿地，想留宿一宵，主人拒绝说："按照商君之法，旅人不带通行许可，而不逮捕他，我也要被处同样的罪。"商鞅叹息说："法律的弊害竟至于此，是我始料不及的。"于是，他离开了那里。魏国因受过秦的侵略，非常恨商鞅，所以也不让他进入国境。最后，商鞅被追杀了。

由于商鞅的改革，秦国的国力迅速扩大，成为一个强有力的集权国家，开始向东方发展。西鄙的秦国突然壮大，而向东方扩展势力，对中原各国是一大威胁。

在这以前，魏、齐争霸，因此，秦国东出时，中原六国已因彼此争战，无法跟秦对抗了。这时，以合六国之力以抗秦的政策（合纵）去游说诸侯的人是苏秦。他是洛阳人，年轻时曾到齐从鬼谷先生学，因贫回乡。他的亲朋兄弟看他一事无成的回来，都嘲笑他。于是他发愤读书，终于成为大家。他巡游秦以外的六国，对六国诸侯说："我打开天下地图看，诸侯的土地等于秦的五倍；计算诸侯的军队，也比秦多十倍。如果六国合力向西攻秦，秦一定会败。现在，大家为什么都向西对秦称臣呢？"诸侯听了这一席话非常感动，于是六国订约抗秦。苏秦担任同盟的领袖，兼领六国相印。旅行途中，经过洛阳，他的兄弟姊妹看到他，没有一个人敢抬起头来。苏秦叹息说："同是一个人，富贵时，连亲戚都害怕；贫贱时，又没有一个瞧得起他，别人更不用说了。如果当时自己在洛阳郊外有一些良田，一定会心甘情愿住在那里过醉生梦死的生活，怎么会像今天这样兼领六国相印！"于是，他分钱给亲戚们。

这段故事真实性如何，不得而知。就苏秦当时所处的历史来看，秦的势力还不十分强，正跟魏国在陕、晋的黄河一带作攻防战。苏秦活着的时候，根本没有什么六国联盟的事迹。这也许是辩士们编造出来的。

在苏秦之后出现，而跟苏秦相对抗的是辩士张仪。他是魏国人，主张跟苏秦相反的"连横"政策。为了让诸侯跟秦订约，他游说各国诸侯说："据说诸侯订立了兄弟之盟，但是，现在兄弟父子不是都会因争金钱而互相欺骗吗？苏秦的策略是根本行不通的，与其如此，不如跟秦结盟，以得其援助。"苏秦苦心缔成的六国攻守同盟，就这样被破坏了。后来，张仪担任秦国大臣，游说各国，各国也都任命他为大臣，获得了极大的成就。他的故事也跟苏秦的一样，不十分可靠。

苏秦跟张仪的言行虽然这样被夸大，但是如果不是当时国际政治可以靠辩士的口才来推动，这些传说是无法产生与流行的。这些传说已经指出，在六国互相对立的状态下，有学者期望六国合并，当时的国际政治似乎也在向统一的局面迈进，也暗示当时是辩士萌生、发展的时代。

孔子的官职

　　孔子生在乱世，十九岁时还没有找到一份职业，既贫穷又没有地位。这一年，他娶了宋国的亓官氏做太太，二十岁生了儿子鲤后，即带来好运，做了鲁国的"委吏"。"委吏"是主管仓廪的官吏，所负责的事是验收老百姓缴来的租谷，然后把它们存放在仓库。这个官位非常微小，但他非常公正无私，得到好的声名，不久即调升比委吏高一点的"司职吏"，就是孟子说的"乘田"。此职专任牧场监督饲喂牛羊，把那些牲畜喂养的情形或增加的状态，一一加以记录，以便供给祭祀的礼品。在此期间，他得到的生活经验非常宝贵，因为他做过收税官（委吏），所以很了解百姓的痛苦，奠定了他经世济民的伟大抱负。

　　孔子还潜心研究学问，考察各国政治，五十一岁才做了鲁定公的"中都宰"。中都是个地方，这种官吏书上没有详细的说明，可能就是一个小地方的官吏。孔子做得很好，一年后升做"司空"。根据《汉书·百官公卿表》所说："禹作司空，平水土。""空"即穴，古人穴居，周朝有冬官大司空，为六卿之一，掌邦事。孔子这个官职是管理土木和民事的长官，等于现在的建设或民政局长一类。又过了一年，再调任"司寇"。"司寇"是周制的秋官大司寇，也是六卿之一，掌刑狱。孔子这个官职，即等于现在的司法部长，直接掌管警察和司法的事务，是一个非常重要的职掌，事情也非常复杂，曾经整肃过当时的大流氓少正卯。孔子做事一向无枉无纵，不久再兼任代理宰相职务，使鲁国大治。

六十八岁时，孔子结束了在外的游历，鲁公请他回国，尊他为"国老"。这个名衔虽然不是官职，地位却很高，就是国家的顾问。孔子当时对做官已不感兴趣，于是便著书立说，留给后代弟子继承他的遗志。七十三岁去世，弟子便整理了《论语》一书，传于后世。

孔子做官勤政爱民。譬如做中都宰，对于中都的改革，是采取经济与道德并进的原则。他一面厘正税制，一面确立度量衡，防止奸商为非作弊。他的目的无非是要使人民的生活更加余裕，经济得到安定，促进社会进步。他要废除一项坏风俗时，并不明令申禁。譬如在当时殉葬是向来的惯例，要用几个奴才和婢女活活陪葬。有一次，他派弟子去告诉要用人陪葬的人家说："我们的老师以为未亡人本身和丈夫殉葬最好，用奴才、婢女没有意思。"渐渐地，就不再有这种残酷的迷信了。定公对于孔子这种成就觉得很满意，就问孔子："你这种施政方式，用在整个鲁国有效果吗？"孔子断然答道："就是整个天下，这个方式也一样适用，一个鲁国哪有什么问题。"所以不久孔子又再升官。

孔子生于春秋时代东周灵王二十一年，即鲁襄公二十二年，相当于公元前 551 年，离现在已有两千多年。他的政治理想，至今仍对我们有着深远影响。

墨子与公输班

　　春秋末期的代表性思想家是孔子，战国初期的代表性思想家可举墨子。墨子这一派主张节俭，而且过着简朴的生活。这一学派流行于一般庶民，尤其是手工业者之类较低身份的阶层。也许墨子自己就是出身于这个阶层的。

　　墨子生于孔子死后，卒于公元前 376 年。孔子根据《周礼》构画理想的国家蓝图，墨子则托夏朝制度来展开他的理想社会论。战国初期中原四国国君都不问身份、国籍，尽力笼络有能之士。墨子也极力批判以前的贵族身份制度，主张废除身份制，用有才能的人担任官吏。

　　墨子主张"兼爱"，是个相当彻底的和平主义者。下面这段故事很可表现他的和平主义。墨子听说公输班（亦称公输般、公输盘）替楚国造大云梯，准备攻宋国，就从齐国不分昼夜，十天之内跑到楚都去见公输班。公输班问道："先生，有什么事吗？"墨子说："北方有个混蛋的家伙，想借你的力量去杀他！"然后说愿以千金作报酬。公输班说："我的主义是不杀人。"于是墨子说："你不是在做云梯攻宋吗？宋又有什么罪？有广大土地与人民的楚国为什么要杀那小国的宋人？为什么要蹂躏宋的土地？你刚才说你的主义是不杀人，现在却要去杀那么多人，这可以算合理吗？"公输班被这推论搞得不知如何回答，他只说楚已决定攻宋，无法挽回。于是，墨子直接去见楚王。楚王还是辩不过他，但攻宋是已经决定的方针，云梯也做好了，非要宋投降不可。

于是墨子跟公输班在图上演练攻防战。公输班九次进攻，墨子九次防御，公输班都输了。墨子最后说："我这样做，王也许要杀我，但是我的弟子三百人已经带着守城的器具潜入宋城，杀我也没有用。"楚王只好撤销攻宋的命令。

这故事虽把墨子看成超人的英雄，但也显示出墨子是一个实践主义的人，非仅仅是观念式的和平主义者。他的弟子也是能言能行的人，这或许跟他们出身手工业阶层有关。

战国时期的思想家

　　从春秋末期到战国初期，构画出理想社会的社会改革论非常盛行。孔子早已是个社会改革论者，墨子也提出他"兼爱"、"非攻"、"节俭"之类的社会改革论。在现实社会里，新兴国家的基础逐渐稳固，而进入了七国对立的时代。战乱不断发生，战国时代的面貌逐渐出现。

　　战国初期的儒、墨两家都期望新兴国家能实现他们的理想社会。可是，这些理想国的梦逐渐破碎了。到战国中期，人们对理想社会论、社会改革论都始有幻灭的感觉，对儒家的"仁"、墨家的"兼爱"也开始怀疑。战国中期的代表性思想家之一的庄子，就是很好的例子。

　　庄子是宋国人，不大到都城去，不是稷下的学者。他利用墨子的逻辑学来讨论"无"，他认为虚无的本体不能借论证来了解。孔孟有人本的见解，庄子则思考着操纵大自然的"道"。以前的思想是人类哲学的倾向，庄子则有自然哲学的倾向。庄子认为支配大自然的"道"不能用"有"的理论来把握，只能靠"无"的理论来透视，因此除了用譬喻的方式来直观地掌握，别无其他办法。"北冥有鱼，名叫鲲。鲲之大，不知有几千里。变成鸟的时候，名叫鹏。鹏的背不知有几千里。飞起来的时候，翼可以遮蔽天空。鹏鸟将飞往南冥的时候，击水三千里，旋转而上九万里。"这段靠譬喻来展开议论的话充满了精妙的寓言，交织着雄伟的梦想与玄妙的冥思。

　　战国中期的另一个代表性思想家是孟子。他为了跟墨家和道家相对抗，反把他们的逻辑学当作自己的武器来反击他们，是一个雄辩家。孟子崇拜孔子，把孔子学说发扬光大，提倡"性善说"，认为人的本性是善，并且用这学说建立了自己的哲学。他还把孔子所缺的逻辑思考法吸收到儒家学说里。

战国中期以后各国的对立越来越激烈，学者、辩士的活动也逐渐活跃。学者们几乎都没有国籍，辩士、侠客都集中到有力量的国君那里，创造了一个超越国际的社会。货币虽然各国不同，但是大商人的交易对象已经不是一个侯国了，而是全中国。从事农业生活的人也已将全中国的市场作为他们的目标，中国已经成为一个市场。全中国统一的局面逐渐形成，现在唯一的问题就是如何统一了。这时期（战国末期）的代表思想家是荀子。他是赵国人，曾在稷下讲学，稷下衰微后，他来到楚国，后来又到齐国。

荀子提倡"性恶说"，认为人性本恶，因此为了使人的本性变好，就须"重礼"。这礼并不是先王的礼，而是后王（现在）的礼。人在天地万物中之所以最优秀，是因为人组织了社会，而且彼此合作。社会有贵贱长幼的差异，但有秩序，这是人的长处。荀子的礼可以说是法律，他的想法很接近法治主义。荀子晚年住在楚国的时候，已经认为秦正在推展的统一国家是儒家（他源出儒家）的理想。

黄帝的《十大经》

　　从战国时代到西汉初期，"黄老之术"很受重视，从此以后，中国史上常以"黄老"并称。"黄"指黄帝，"老"指老子，但是，现今流传于世上的只有《老子》，而无《黄帝》一书。所以汉初何以"黄老"并称，实在令人难以了解。由于1973年底湖南省长沙市郊外马王堆三号汉墓出土的"古帛书"，我们才知道，《老子》之外还有《黄帝》。

　　长沙马王堆出土的"古帛书"中有《老子》抄本甲乙两种，乙本卷首所收的四编古佚书，有一编即为黄帝的《十大经》。

　　《十大经》在中国任何一本图书目录中都不曾出现过。现在发现的《十大经》有"今天下大争"语，还出现两次战国时代著作才使用的"黔首"一词，由此可断定，《十大经》是战国时代的作品。除了结论部分，《十大经》是由十四编构成，其中十编是收辑"黄帝"与其臣下的言行。

　　《汉书·艺文志·道家部》称："《黄帝君臣》十编，起六国时，与老子相似也。"《十大经》大概就是《汉书·艺文志》所谓的《黄帝君臣》。《黄帝君臣》当然是记载黄帝君臣的言行，而古帛书也是记载黄帝君臣的对话与活动，就这一点而言，两者是一致的。《艺文志》所载是十编，跟古帛书的题名《十大经》也相符。但是，现在所见的《十大经》为什么又分为十四编？关于这一点，一般都很难解释得妥当，也许是传承者数编数时数错所致。

　　就《十大经》内容观之，据云，书中所载，表面上跟《老子》一书的思想很相似，其实有许多不同的地方，甚至也有许多地方跟《老子》的论点完全不同，因而有人认为它根本上是属于战国时代法家的著作。

以前，研究"黄老之学"时，只有老子书，而无黄帝书。"老子学"虽知道，但"黄学"却无研究的资料。现在，由于《十大经》的发现，"黄学"的要义始能掌握得住。据分析，《十大经》所表现的"黄学"将可分为三大部分：一是认识事物的方法学，二是政治思想，三是军事思想。

《老子》的方法论是以"内省"为基础；《十大经》所表现的"黄帝"思想是从多方面的观察与理解来认识事物。《老子》反对政治与法治，"黄帝"则是代表法家的法治思想，反对儒家的礼治观念。

此外，《老子》对军事思想似乎不十分重视，"黄帝"却从崇高的见地谈论战略思想与策略思想。在战略思想方面，《十大经》具有足以跟《孙子兵法》、《孙膑兵法》相匹敌的内容。

总而言之，由于《十大经》的出现，我们不仅可以由此了解汉初所谓"黄老之术"或"黄老之学"的内容，而且还可借此来比较"老子"与"黄帝"，并了解"黄老之学"与法家的关系，同时也是了解战国时代、西汉初期儒法消长关系的重要史料。

先秦时代的都市

中国到西周时才出现"国"字。"国"是指人们在围着都市的口字形城郭中，拿着武器守护土地。

大家都知道，周武王除了镐京之外，还在洛阳建立成周，以集聚殷遗民。在鲁、齐、燕等地也置族人或功臣统治。殷代是以现在的河南省为统治全国的中心，到周代，华北与华中地区开始兴起。燕、齐、鲁等国之外，还有许多小国，这些国家都是以祭祀和军事为基础的氏族国家，也是绕有城郭的都邑国家。城郭的四周有采邑，农民就住在这儿，称之为"鄙"。

到春秋战国时期，周王势衰，强国合并邻近的都邑国家，到战国时代，已成七国并立的情势。秦并六国，统一天下之后，都邑国家已变为领土国家，近而成为古代帝国。古代都市也成为帝国内的郡县。县本来是强国征服弱国，或没收家臣土地，把它当作自己的直辖地才设置的。秦孝公于公元前350年，把秦国分为四十一县，以加强中央的统治力量。秦始皇于公元前221年统一天下时，把全国分为三十六郡，于其下置县，郡县的都市中含有许多都邑国家时代的都市。

战国时代各国的都市已成为领土国家的中心，除了具有王城功能之外，也是工商业的中心地。燕的下都、赵的邯郸、齐的临淄、鲁的曲阜等城郭的规划未必是一致的。譬如齐的临淄，在南北4000米、东西3000米的外郭的东南，有一边长1000米到1820米的小城，即营丘城。在当时,这或许就是王城。外郭地区是庶民居住的地方。据《战国策》称,有七万户,数十万人。建筑物用砖瓦盖,武器用青铜制造,农工具是铁做的。用铁做农具,已逐渐普及于外郭一带的农民。货币已流行。

中国古代的巨商

孔子时代的春秋末期，中国已经有青铜制的货币，商业也逐渐兴盛。从春秋到战国时代，群雄并起，各国为了富国强兵，都努力发展工业，商业更是兴旺。到汉武帝时，"商业资本家"依然不断出现，商业的发展已达全盛阶段。

在中国古代的商业发展过程中，据司马迁的《史记》记载，孔子的学生子贡可说是商业资本家的先驱。他师从孔子之后，出仕卫君，于曹、鲁等地（山东一带）经营批发事业，获得巨金。当时，曹、鲁等地养蚕业、纺织业相当兴盛，子贡的批发事业大概是从事养蚕跟纺织这方面的买卖业务。

这个时候，吴越之战，越王勾践获雪"会稽之耻"。越国的胜利，谋臣范蠡贡献极大，他运用他的老师计然的经济理论，壮大了越国的财政，使士兵的待遇得以改善。计然的经济理论是，先观察当时的物资供需状况，而后买或卖。囤积的物资必须是完善的东西，不完善的东西避免购买。物价高涨的时候，要毫不考虑地把囤积物资卖出去；物价低落时，要毫不迟疑地买进。财货不可积存于一处，流通是财货之本。范蠡把计然的这种经济理论运用于实地，促成了越国的富国强兵。其后，范蠡离越赴齐都，又至陶（今山东定陶县），改名为朱公，从商。陶是当时天下的中央，是个交通运输都很方便的都市。范蠡住陶十九年，三次得千金，其间曾两次把所得赀财分赠给贫穷的朋友和远亲；晚年将家产遗给子孙，子孙亦积财至万金。

魏惠王的大臣白圭是筑堤的水利专家，也是商业上的投机分子。他于谷物丰收时囤积谷物，发卖绢丝、漆器与茧；歉收时就发卖谷物，买进绢布，他就靠这种投机行为，而得巨金。据白圭说，买卖的秘诀是智、仁、勇、强，亦即顺应情势的变化要有智慧，决断要有勇气，人弃我取、人取我与是仁德，等待时机要有耐心（即"强"）。

战国时代，随着工业的发展，而出现了一些"工业资本家"。山西省南部，自古即以盐池闻名。当时，猗顿便在此经营制盐业，而获巨万之富。此外，赵国邯郸人郭纵，从事制铁业，"与王者埒富"。他也许是铸造、贩卖当时开始兴起的铁制农具而获巨富的。制铁业到汉时依然非常兴盛，秦汉时蜀地卓氏与程郑，宛地（河南南阳）孔氏、夏地邴氏皆以制铁业起家。

秦始皇的时候，乌氏县的倮（人名）采购大量丝织品，献给匈奴王，获得价值高出十倍的牛羊，而成巨富。这是一种友好的贸易。汉时，齐人刁间重视人所贱恶的奴隶，让他们"逐鱼盐商买之利"，而得巨金数千万。

战争对某些人来说也是蓄财的好机会。宣曲（长安附近）的任氏祖先是仓吏，秦灭时，人争金玉，任氏独藏仓粟。刘项之战，扰民不能耕种，米每石高涨至一万钱，于是，人们所争得的金玉，尽归任氏。任氏富达数代，他的秘诀是："不是自己田里、牧场出产的东西不使用，工作没有完全做完，不得饮酒食肉。"

公元前154年，吴楚七国之乱时，无盐氏以高利将军资贷给从军的列侯封君，而获巨额利润。乱后，无盐氏之富足以匹敌整个关东的财富。

从春秋战国到秦汉的动乱时期，"商业资本家"都遵从流通经济的理论，利用投机的方式，赢得了巨万的财富。蓄财必须有敏锐的眼光和灵活的头脑，才能获得，这时期的"资本家"大都有敏锐的眼光、灵活的头脑。

《史记·货殖列传》的意义

　　司马迁在《史记》中特立一章《货殖列传》，描写"工商业资本家"的积富过程，用意值得探讨。通过全篇，可以了解两点：第一，当时工商业的显著成长应重视。第二，武帝因军事目的不时压迫新兴的经济界，对于这种不当的压迫，司马迁有意加以批判。

　　当时由于汉武帝连年对外作战，耗费了庞大的军费，以致本来很富裕的国家财政也日渐窘困。因此，武帝任用桑弘羊等商人为经济官员，将盐、铁、酒等重要产业收归政府经营，以获得的利润作为军事费用。于是，以前慢慢建立起来的"工商业资本家"的基础渐渐瓦解。国营事业的弊端也逐渐显现，盐跟铁器质地越来越差。盐味苦涩；铁器只制造合乎规格的大型铁器，完全忽略地方上所需要的农器，而且价格高昂，供应组织也不健全，需要的时候得不到。因此，经济秩序大为混乱。

　　司马迁眼见这种可忧的情形正在专制政治的压力下展开，非常气愤，认为在经济上、政治上的干涉有害无益。经济本身自有它的道理，这道理是跟政治不同的。司马迁为了叙述这信念，才执笔写《货殖列传》。因而他在《货殖列传》中的见解，可说是"商业资本家"的经济观，但是，他不是偏颇的商业至上主义者。无论在政治上、经济上或文化上，他都平等地观察人的一切活动。他文中所叙述的"工商业资本家"，在汉武帝的有计划的压制下已经逐渐没落，有的转而投资到土地上，成为地主阶级。司马迁的"商业资本家思想"也在政府的重农主义政策下被压制下去。

后汉初，班固撰写《汉书》的时候，正是重农思想非常浓厚的时期，因此《汉书·货殖传》几乎全是转述自《史记》的。班固谈到这些货殖家的时候，大都出于责备，如云他们"运其筹策，上争王者之利，下锢齐民之业，皆陷不轨奢僭之恶"，"伤化败俗，大乱之道也"。这跟《史记》所谓"富无经业，则货无常主，能者辐凑，不肖者瓦解。千金之家比一都之君，巨万者乃与王者同乐"正是一个非常明显的对比。

战国时代的科学技术

　　战国时代的遗迹近年来被发掘得相当多。从发掘的遗物来看，战国时代已经出现铁器，并且把它当作生产工具使用。铁器的出现，不明之处虽然还不少，但是，值得注意的是战国时代已盛行铸造铁器。

　　在西方，铸铁的出现始于 14 世纪，而中国早在公元前 4 世纪就已经知道铸铁的技术。铁的熔解温度需在一千四百度以上，因此，早期的制铁方法是把原矿还原，然后再锻冶成型。这种锻铁技术经过长久的运用以后，铸铁才会出现。换句话说，先会锻铁，而后才会铸铁。因此，就制铁技术来说，中国的铸铁技术大约比欧洲早了一千七百年。从西方制铁技术的发展比照而观，在铸铁技术出现的战国时代之前，一定还有一段锻铁的时代。

　　锻铁到底开始于什么时候，并不清楚。如果上述的推断没有错的话，战国时代以前数百年，就应该有锻铁出现了。但是铁容易腐蚀，所以遗物的发掘相当困难。中国的铁的起源也不清楚。铸铁虽然出现于战国时代，但是铸铁的性质不适合制作武器，所以当时还依然使用青铜器。到锻制铸铁为钢铁的方法发现时，铁器才能用在战场上，据说，秦是用优异的铁制武器统一中国的。秦国的领土内，铁矿甚多，所以秦已使用铁制武器，似乎很有可能。到汉朝的时候，铁的使用已经很普及。不仅把铁用在武器上，也用在一般的生产工具上。铁的产地设有铁官，制铁业务也归国家掌管。煮盐的锅也是用铁制造的。

　　战国时代的科学技术在其他方面也很发达。历法比以前更精确，被称为"医圣"的扁鹊也出现了，并且这时已经开始使用针灸治疗。中国医学在战国时代已具雏形。

秦始皇与吕不韦

　　秦始皇名政，生于公元前 259 年。父亲是秦庄襄王。战国时代为保障跟敌国的"友好关系"，常以王子互换为人质。秦始皇的父亲庄襄王曾经做赵国的人质，在赵都邯郸过着忧郁的日子。当时对这人质最感兴趣的是赵的巨商吕不韦，他认为庄襄王"奇货可居"，尽力去讨好他，照顾他。两人的关系极为亲密。当时，庄襄王对吕不韦的爱妾颇有好感，吕不韦为使自己的投资免于落空，只得忍痛把她送给庄襄王。这时她已怀有跟吕不韦的孩子，这孩子便是后来的秦始皇。

　　吕不韦为了使庄襄王回国，投出大量资财暗中活动，游说赵王妃。庄襄王回国后，一就王位，便任命吕不韦为宰相，赐予洛阳地十万户。庄襄王在位三年去世，秦始皇即位。当时他只有十三岁，因此一切权力都由宰相吕不韦掌握。待始皇成人，对吕不韦的专权甚表不满，终于在即位后的第十年免去吕不韦的职务，处以流刑。不韦自杀而死。

秦始皇的统一政策

秦始皇统一六国，虽然说是他军事上的成就，但是，他最重要的成就却是确定统治全国的基本方针。秦始皇统一天下后，在首都咸阳召开会议，讨论统治新领土的方法。在会议中，封建诸侯、实施间接统治的意见最强而有力。可是，受韩非影响的李斯却提出崭新的意见，认为封建制有大缺点。他说："看看周朝的例子就可以知道，文王封亲族为诸侯的时候，团结力很强，但到子孙，关系就逐渐疏远，不久彼此就打起仗来，用周天子的力量也无法压制住。封建在最初的时候还好，可是，将来就叫人担心了。因此，我们必须用郡县制实施直接统治，不让皇太子或功臣做诸侯，但是可以把征来的租税给他们。"多数大臣都反对李斯的意见，依然主张封建制。可是，秦始皇毅然采纳李斯的郡县制方案。当时秦始皇只有三十九岁。

秦始皇首先把全国分为三十六郡，而后再把郡分为县，郡设守跟尉，由中央政府任命，完成了中央集权的统治体制。

秦始皇是个精力十足的人，一切事情都由自己裁决，据说，他一天若不亲自裁决重达一百二十斤的文件，就睡不好觉。在这以前，由于天下分成七国，因此度量衡等一切事物，各国都不相同。这对统一帝国的施政很不方便。秦始皇首先统一了度量衡的单位。接着又实行"车同轨"，因为中国黄土地带的道路，车子走过之后会留下很深的沟，车轨若不一致，情况会更糟。接着又统一文字，把六国的文字写法都按秦的写法统一起来，这也是文化上的大事。

秦统一六国以前，各国的币制都不相同，有刀、布、圆钱、铜贝（铜制的贝）等。刀流通于齐、燕、赵等北方国家，布流通于韩、魏、赵，圆钱流通于秦等西方国家，铜贝则流通于楚等南方地方。此外，从战国时代起，金也被用作高值的货币，称为百金、千金，但其单位也不统一。为了使这混乱的局面得以消除，秦始皇以金为上币，以半两铜钱为下币。币制的统一使全中国成为一个市场。上面这些统一政策可以说是秦始皇最伟大的贡献，中国的统一规模大致也决定于此。从这些方面看来，我们似乎不能不说秦始皇是个伟大的政治家，虽然他本身有许多缺点。

秦始皇为了建立秦国的权威而自称"皇帝"，并废除谥号，认为谥号是"子议父行，臣议君"的不敬行为，因而自己的名应该由自己来取。同时又制定了"朕"、"诏敕"、"制"等天子专用语，以表示天子的威权。此外，他为了使自己的功业能永垂不朽，使自己神圣化，便在泰山等名山竖石自赞。在巡行的时候，他也常向人民颁示道德上的训词，譬如会稽山石碑便刻有一段话，大意是："有孩子的寡妇再婚，是对死者的不贞。严内外之别，禁淫洗，男女都需贞洁。"这段话也可以说是道德的统一。此外，秦始皇为了便于统治六国的豪族，把全国约十二万户的豪族都迁移到首都，一方面便于就近监督，一方面又可使首都显得壮大热闹，这是"本大末小"的中央集权思想的表现。

垓下之围

——楚汉相争的终曲

从公元前 206 年到公元前 202 年的五年之间，汉王刘邦跟楚王项羽互争天下，进行了大小几十次战争。项羽起初一直占优势。后来，由于汉王刘邦的大将韩信破魏、破赵、定燕、平齐，平定整个北方，九江王英布又背叛项羽，萧何从关中调遣军队，输送粮食，增援刘邦，汉王还派彭越截断楚兵粮道，楚汉优劣形势逐渐转变。公元前 202 年，项羽终于被刘邦和韩信、彭越等人率领的各地诸侯围困在垓下（现在安徽省灵璧县东南），这就是楚汉相争最后的一战，著名的"垓下之围"。

当时，项羽的军队人数已经很少，粮食也吃完了，刘邦又用攻心战术，深夜命士兵们齐唱楚国歌谣。项羽大惊，暗想：难道汉王已把故乡楚国全给攻下了？要不然，怎么会有这么多的楚人呢？项王有一位心爱的美人，姓虞，还有一匹千里马，名骓，永远不离他的左右。这时，他忍不住满怀悲愤，一面大口喝酒，一面对着虞美人高声唱出自己作的歌，歌词的大意是说："我有拔山的勇力与盖世的气概，但是时机却对我不利，连千里马也跑不动了。乌骓马不能再往前进，怎么办呢？虞姬啊虞姬，我要怎样安排你呢？"虞美人为了免去项羽的后顾之忧，让他突围出去，就自刎而死，项羽要阻挡也来不及了。当天晚上，项羽率领八百名亲信骑兵，突破了南边汉军重重的包围，飞奔而去。汉王派了五千骑兵追去，项羽在途中迷了路，陷到泥泞洼地里，终于被追兵赶上，厮杀一阵，再往东跑。这时项羽的部下已经从八百人减少到只剩二十八人，而汉兵有几千人从后面追来。

项羽自己知道这次绝对逃脱不掉，就对他的部下说："我从开始起兵抗秦到今天，已经整整八年，身经七十余战，从来没有打过一次败仗，才能称霸天下。想不到今天却遭遇这样的情况，这实在是上天要灭亡我，并不是我不会打仗啊！今天死是免不了的了，但是，我要痛痛快快打一场漂亮仗给你们看，一定要打胜敌人三次，要突出他们的包围，斩掉他们大将的头，还要砍倒他们的军旗，让你们知道这是上天要灭亡我，并不是我不会打仗！"于是，他把二十八个骑兵分成四队，分别向着四个不同的方向，然后命令他们往山下冲去，约定在山的东面分三处再集合。

项羽骑着乌骓马，一面大叫，一面冲下来。重重包围的汉军，吓得一直往后退，果然被项羽杀了一员大将。然后，项羽又和他的部下会合。这时候，项羽的部下分成三队，汉军不知道项羽在哪一队，也把军队分成三部分，再把项羽他们包围起来。项羽又冲下来，杀了一名汉军大将。经过这一番厮杀，二十八个部下只不过损失了两人。

项羽率领部下跑到了乌江边（现在安徽省和县东北的乌江浦），只要渡过江，就是他的故乡楚国了。乌江亭长把船靠向岸边，对项王说："江东地方虽然不大，也有千里，百姓也有几十万，还是可以称王。请大王赶快上船吧！这里只有我有船，汉军追来，没有船也就追不上！"项羽笑着回答："上天要灭亡我，我还渡江做什么？当年我率领故乡子弟兵八千人，渡江往西边来，争夺天下。如今八千人没有一个活着回去，就是江东的父老可怜我，再让我做王，我又有什么脸去见他们呢？虽然他们嘴里不说，我心里难道不惭愧吗？我知道你是个忠厚的好人，这匹马我已经骑了五年，从来没有遇到对手，它曾经在一天之内跑过千里的路程，实在舍不得杀死它，现在送给你吧！"于是，项羽的部下都下马，拿短兵器跟追来的汉兵交战。项羽一个人杀了很多人，可是自己身上也受了十几处创伤。突然，他回头看见了汉王的骑兵司马。

这人名叫吕马童，项羽对他说："你不是我的老朋友吗？"吕马童就对汉王的大将王翳说："这就是项羽。"项羽说："我听说汉王悬重赏买我的头，我就把这人情送给你吧！"于是举剑自刎而死。

项羽死后，原属楚国的地方都归顺了刘邦，只有鲁不肯投降，汉王派人把项羽的头拿给他们看，鲁地的人民才投降。于是，刘邦就把项羽以鲁公的名义埋葬在谷城。

绵延五年的楚汉之争终于结束，从此就是刘邦所建立的汉家天下了。

汉代大史学家司马迁曾经评论项羽的功过说："当初秦国用暴政统治天下，英雄豪杰纷纷起来抗暴，互相争胜。项羽起先并没有一点权柄，乘着秦末天下大乱的局势，从乡野间率兵起事，短短三年之间，就率领五国诸侯的兵把秦给灭亡了。又分封天下的土地给各国诸侯，政令都由项羽颁布，自称西楚霸王。虽然最后他没有能够成功，但像他这样的人，历史上实在少有！可是，项羽因为太怀念故乡，放弃了关中形势险要的地方，没有据守；又放逐了自己的君王，后来还要怨恨各国诸侯背叛他。在这种情况下，要成大事，实在太不容易了！项羽自负灭秦有功，又为了要满足自己的私心，不肯学习古代成功立业的帝王的长处，一心想用武力征服诸侯，控制天下，终于在短短五年之间就亡了自己的国家。他直到最后还不觉悟，不责备自己，还要说'上天要灭亡我，不是我不会打仗'，这岂不是大错特错吗？"

汉高祖与叔孙通

汉高祖是平民出身，不懂礼节，对专讲礼仪的儒家没有好感。他刚起兵的时候，遇到戴着儒冠去见他的，就会摘下他们的儒冠，撒一泡尿在里头，表示侮辱。汉高祖二年（公元前205年），有一位儒者叔孙通，从关中逃出，辗转到了他那里。叔孙通知道他讨厌儒生，就取掉儒冠，穿上楚国短衣，果然很得高祖喜欢，被拜为博士。汉高祖五年（公元前202年），天下统一，诸侯尊汉王为皇帝。即位的仪式便是由叔孙通制定的。那时君臣名分虽然定下了，但是群臣大都出身草野，不懂礼节，殿上喝酒的时候，常常互争功劳，喝醉了就乱叫，拔剑砍柱，高祖很觉厌烦。叔孙通便乘这机会向高祖说："儒者虽然不能进取，但是可以守成。我愿意召集鲁国的儒生，跟我的弟子一起商定朝仪。我想现在应该采取古礼和秦仪，创造一个新制度。"高祖说："你可以试试看，但是不要太繁琐，拣容易做的就行了。"

叔孙通就奉命到鲁国征召儒生，带了三十三人回京城，让他们跟自己的弟子一百多人，在野外用绳子围了一个圈，当中插上许多茅草，当作君臣的席位，操演礼法。一个月后，他请高祖去参观，高祖认为很简单，做得来，便命群臣照样学习。

汉高祖七年（公元前200年），长乐宫刚建成，群臣都到那里去贺年。天刚亮，朝见的人便根据官位等级顺序进入殿门，然后按文武官员的地位，分站阶陛两旁，文官向西站立，武官向东站立。皇帝出来后，用传唤的形式，按地位的高低，依次向皇帝祝贺，没有一个人不肃敬惶恐。礼毕喝酒的时候，也没有一个人敢喧哗失礼，都低着头喝。于是，汉高祖很高兴地说："我到今天才知道做皇帝的尊贵啊！"

虽然儒家的礼仪获得了高祖的赞赏，但是因为其后诸帝都重视"黄老"治术，儒家依然无法称霸思想界，直到武帝时才改观。

汉高祖与吕后

　　汉高祖临死的时候，曾有过一段这样的插曲。吕后问高祖："陛下百岁之后，宰相萧何已经死了，那么谁可以任后任宰相呢？"高祖答："曹参可以。"又问其后继者，高祖答："王陵可以，不过，王陵有点愚直，可让陈平辅助他。陈平有智，但是只委任他一个人，又叫人有点不放心。周勃厚重，但缺乏文才，使刘氏安泰的，必是周勃，可让他任太尉。"吕后问："其次呢？"高祖说："其后，我就不知道了。"

　　后来，吕氏想夺取刘氏天下的时候，周勃就替刘氏夺回了天下。这预言未免条理太清晰了，也许是后人炮制出来的。其实，吕后是一个非常了不起的女中丈夫，连高祖都有点怕她，汉高祖是个很敏感的人，他也许已看透吕后的心思，知道自己死后，政权将归吕后掌握。

　　高祖在临终的那一年，曾于征途中顺路访问故乡沛县。当时，他召集友朋及其子弟，大开宴席。饮酒半酣的时候，高祖敲着乐器唱自己所作的诗："大风起兮云飞扬，威加海内兮归故乡，安得猛士兮守四方。"他让众人和着歌唱起来，然后，站起来边舞边叹，以致流泪。对汉朝不利的功臣全部消灭了，现在，对汉家比较不利的，只有吕后这一族人了。"安得猛士兮守四方"大概是针对吕氏的威胁而发的。

　　高祖统一天下后的第八年就去世了。高祖有八个儿子。第二个儿子是吕后生的。第三个是高祖晚年最宠爱的戚夫人所生的，名叫如意。高祖死后，由吕后的儿子惠帝即位，吕后因而掌握了政权。

惠帝性懦弱，高祖因为他不像自己，生前很不喜欢他。高祖喜欢戚夫人之子赵隐王如意，因为如意比较像自己，所以曾经想杀太子（惠帝）立如意。戚夫人也曾泣请高祖立如意。高祖死后，吕后立刻逮捕戚夫人，拘于后宫。如意被斩杀。戚夫人则被砍去手脚，刺瞎眼睛，弄聋耳朵，并被迫吃下不能发声的药，被弃置于厕所，称为"人彘"。

过了几天，吕后叫惠帝去看戚夫人。惠帝本是个懦弱的人，看了戚夫人的怪样子，受到很大的打击。《史记》对这残酷的刑罚写得很清楚。司马迁认为吕后为了打击惠帝，才让他看戚夫人。惠帝觉得自己无法阻止这残酷的刑罚，深表绝望。此后，惠帝便每日沉于酒色，不理政治，终致生病，在位七年便去世。在惠帝出葬当天，《史记》记载："太后哭了，但没有一滴眼泪。"惠帝无子，后宫美人所生的儿子被立为太子，吕后（应称吕太后）任摄政。此后便是吕后的时代。吕氏一族非封王即封侯，吕氏势力压倒了刘氏。之后，刘氏一族接连被杀，吕氏专制持续下去。八年后，吕后去世。中央政权仍由吕氏族人掌握。这时，太尉周勃夺取军权，发动政变，灭了吕氏，并从代国迎接文帝回朝即帝位。高祖"安刘氏者，必（周）勃也"的预言在此已实现了。

汉武帝时代的政治

从汉高祖到汉景帝，汉代不管在内政还是对外政策方面一直都采取消极无为的政策。在政治与文教方面，奉行道家的无为政治；对外方面，从高祖平城之围以后，大抵也采取和亲的消极政策。但是，因为"文景之治"，仓廪逐渐充裕，到武帝时才改变以往的作风，由消极政策改为积极政策。

文教与政治方面，汉武帝罢黜百家，独尊儒术，推行儒法合一的杂霸政治，由以前的消极政治转向中央集权的积极政治。

在对外方面，一方面由于国力充裕，另一方面汉武帝也接受董仲舒的攘夷观念，开始从往昔的和亲政策转变为对外征伐的积极政策。这政策推行的第一步就是征伐住在蒙古高原的匈奴。匈奴因受汉帝国成立的刺激，各部族开始联合起来，而且时时南侵。汉高祖就曾被匈奴围困于平城。

武帝时征伐匈奴的大将是卫青跟霍去病。霍去病出身贵族，极受部属敬仰，亦长于战略。有一次，武帝想送给他一座美丽的宅邸，他拒绝说："匈奴不灭，无以家为。"他去世时还很年轻，武帝因此非常悲哀，卫青是卫皇后的弟弟，跟武帝有特别的关系，曾率军北伐，取得河南地。

但匈奴是中国的大敌，所以汉朝对它必须寻求各种有效的战略。这时，西域有大月氏，是匈奴的宿敌，因此，武帝想利用以夷制夷的传统方策，跟大月氏结盟攻击匈奴。公元前139年，张骞带着与大月氏结盟的使命向西域出发。这时，匈奴势力已经达到中亚一带，因此，必须穿过匈奴的这一势力圈，才能到大月氏。张骞好不容易到了大月氏，但是因为大月氏地处丰裕之处，已经无意跟匈奴作战。张骞经过十三年的旅行后，于公元前126年才回国。这一次使命并没有完成，但他以中国人的身份亲自途经了中国人以前完全不知道的中亚，还带回了西方各国的知识与文物，这对中国来说是具有极大意义的。这次旅行的结果，是汉朝觉得要切断匈奴与中国西南地区的联络，必须向西方进军，夺取河西走廊。

公元前121年，霍去病从甘肃兰州北进，入西戈壁沙漠，到达了汉军不曾到过的祁连山，擒匈奴王，斩匈奴人四万，并且带回了许多俘虏。这是征伐匈奴战争中最成功的一次。

武帝的积极外交在征伐匈奴上虽然赢得胜利，但是，国库的支出也很惊人。武帝即位时，国库充裕，现在却因对外战争完全耗光了，因此武帝就从盐铁的专卖上来获取财源。此外，还课征营业税跟财产税。财产税采取申报制度，如果申报虚假就没收所有财产；还奖励人民密告，如果密告查实，便把没收财产的一半分给告密者。有许多豪富之家因此破产。这样虽然可以确保国家的财源，却使人民丧失了储蓄的欲望。此外，由于铁器制造由国家经营，铁器的质量也逐渐恶化。盐铁专卖虽然持续得并不长久，但全国设置的铁官数目达四十四位，盐官三十二位，可说是规模相当大的公营事业。

政府透过财产税积极压制商人跟豪族，于是便产生了所谓"酷吏"。司马迁就曾写过《酷吏列传》。但这里所说的酷吏并不是指那些欺压老百姓的官吏，而是指那些压迫大商人、豪族的硬骨头的官吏。他们对一般老百姓是非常同情的。

汉武帝的尊儒

春秋战国的时候，中国的学术思想非常发达，其中最著名的是儒家、法家、道家、墨家等。每一家都想把自己的思想运用到政治上，建立一个自己认为理想的国家。但是在当时，却都无法把自己的理想发挥出来。

到秦始皇统一中国以后，虽然想利用法家，订立新法制，但是没有多久就灭亡了。到了汉代，各种制度都需要创立，崇尚礼乐制度的儒家本来可乘这个机会发展起来。但是汉初的文帝、景帝、窦太后都喜好黄老的清静无为政治，愿意与民休息，不愿多作变动，免得骚扰百姓。当国的宰相萧何、曹参、陈平、周勃、张苍等人，不是刀笔吏、战将、策士，就是道家、阴阳家，对儒家都没有信仰。他们认为一切制度够用就行，凡事沿用旧制度，不喜欢创新。所以，在汉初这段时间，儒家始终无法发展起来。

到了汉武帝的时候，汉代建国已经六十年了，国富民安，加上汉武帝好大喜功，愿意做点儿事，所以对道家的淡泊生活很不欣赏，对讲求制度的儒家反而很感兴趣。他即位后，就用赵绾、王臧等儒者做公卿，准备根据《礼记》在城南造一个明堂，作为诸侯朝见皇帝的地方，朝廷的礼仪因此逐渐制度化。

建元元年（公元前140年）冬季十月，武帝下诏命令丞相、御史、列侯等大官各举"贤良方正直言极谏之士"，一共推举了一百多人。武帝策问的结果，以董仲舒最优秀。这就是仲舒有名的《天人三策》。他的第三策末尾大意说："孔子作春秋，最看重一统。现在百家说法各不相同，叫国家无法订出一定的法制，百姓也不知道走哪条路好。根据我的看法，凡是不在《六经》里面的，跟孔子道理不合的，都可以截住它前进的道路。等到邪说都停止了，然后政治才可以划一，法制才可以制定，人民才能走到正确的道路。"这段话很得武帝的欣赏，就命令丞相卫绾把贤良中讲法家、纵横家的，一律罢黜。于是，这次选举，最后就只剩下了儒家。

建元五年（公元前136年），武帝又设五经博士，提倡儒家的色彩更为明显。本来秦始皇的时候就设有博士官，共有七十人，他们的职务是"通古今"，并掌管《诗》、《书》和百家之言。汉初，文帝、景帝的时候，设有《诗》、《书》、《春秋》三经博士，武帝时再补上《礼》跟《易》的博士，所以叫做五经博士。从武帝罢黜百家、独尊儒学后，秦始皇时分掌《诗》、《书》与百家之言的博士就分家了，专向儒家跟经学方面发展，这是一个激烈的转变。从此以后，博士的职务就是"做经师"，不是"通古今"了。

博士本来可收弟子，比方说，高祖时叔孙通的弟子就有一百多人，武帝时，博士减少，弟子员也就减少，只有五十个名额。弟子员跟博士读书一年后，经过考试，能通一经，便可补文学掌故的缺，考得最好的可以做郎中。换句话说，读通五经，考试优良，就可以做官。读书和政治就这样联结在一起。因此，百姓为了谋求自己未来的出路，读经书的人便多起来，儒家从此取得正统思想的地位。

儒家本来是百家中的一家，从秦到汉初，都无法发挥它的理想。到武帝时，由于国富民安，重视制度的儒家得到武帝的赞赏，而被运用到政治上，于是，儒家和政治结合在一起，确立了它独尊的局面。

汉光武帝的治术

汉光武帝复兴汉室，统一天下，于公元 25 年即位，定都洛阳，开始他的抚亡政策。首先让流亡的人民重归故土，以安定民心；接着又新封受王莽压迫的刘氏族人为诸侯，并给流亡的豪族以适当的场所，使他们能够安心居住。公元 26 年到公元 38 年，曾经三次公布解放奴婢的命令，但没有贯彻到底。光武帝自称，以柔治天下，一切政策以中道为主，使人民得以休息。

光武帝的另一项重要措施，便是复兴儒家。光武帝本来就是一个读书人，所以对复兴儒家极为卖力。他先在鲁国建孔子庙，又在各地设公立学校，儒学因而大盛。

汉光武帝分封的大部分功臣是外戚，尤其是南阳（光武帝故乡）的阀门之家，因而造成中央势力的衰退和地方大族势力的强大。这和前汉的情形很不相同，前汉中央政府的力量强大，地方大族的势力尚未形成。在政治方面，前汉时宰相的地位还很高，到后汉，宰相形同虚设，由六位尚书分掌政治，宦官也亲自传达皇帝的命令。这是造成后汉宦官、外戚争权的重要因素之一。

王莽演出禅让剧的时候，有无数的人颂赞他的德行，因而不能不使人怀疑前汉儒者的道德观念，于是光武帝开始着手儒家的革新。前汉的儒学是指导国家行政的政治理论，政治哲学的色彩很浓厚，个人的道德反被遗忘。光武帝为此特别提倡名节，推行由家庭推及乡党的道德，以培养个人的伦理，唤起人民的道德自觉。于是前汉推行政治哲学的儒家慢慢就变为后汉提倡道德哲学的儒家。后汉的政治亦以建立儒家的道德国家为标的。光武帝即位后，定期聚集达官显要读儒学。后来的皇帝也都喜好儒学。因此，皇后、外戚也受此感染而喜好儒学。名节的提倡与儒学的崇尚，是后汉太学生喜谈政治、批评人臣名节的起源之一。

后汉的读书人

后汉光武帝提倡名节以后，下级官吏对长官尽忠，弟子为师服劳，已经成为一种习俗。因此，学者们都争声名，张门户，以纳弟子，隐然成为地方上的一大势力。

朝廷为了对抗外戚跟宦官，有意利用这股势力。桓帝时，读书人集团的代表，反对宦官参政、反对桓帝即位的李固，被梁太后所杀。读书人集团虽然受到宦官、外戚的压制，但是，反宦官、反外戚的读书人势力并没有被压制下去，反而比以前更为激烈。

梁氏在顺帝、质帝、桓帝三代都以外戚掌政。梁氏的代表是梁冀。当时，梁氏族人中有七人封侯，三人被选为皇后，六人为贵人，二人为大将军，其他官职有五十七人，几乎独占了朝廷政权。梁冀本人不学无术，无德无行，夺人财产，收人珍宝，造广大庭院，又抢民女，过着极其豪奢的生活。公元 159 年，梁太后去世，桓帝跟五个宦官勾结，动员一千多卫士，包围梁家，逮捕梁氏族人，不分老幼都处死刑，重要官吏被捕杀者数十人，被罢免的达三万人，朝廷为之一空。这时，梁氏被没收的财产达三十亿钱，因而天下租税得以减半。梁氏倒，宦官起，朝政又被宦官把持。这时，读书人中最得人望的是郭泰跟李膺。桓帝又厌恶宦官专制，想利用洛阳的太学生三万人来为对抗宦官，任用郭泰为太尉，李膺为司隶校尉。他们跟当时的学者与太学生取得联络，猛烈揭发、批评宦官以及跟宦官勾结的豪族官吏的不良事迹。宦官党徒大为恐惧，于是宦官上书桓帝，称郭泰、李膺等人组织太学生三万人酷评朝政。公元166年，桓帝以李膺等两百人为党人，悬赏逮捕，终身禁锢，是为第一次"党锢之祸"。

桓帝死，灵帝即位，窦太后临朝听政，外戚窦武得势，赦党人，李膺等复归中央。窦武欲乘势谋诛宦官，为宦官所知。宦官便颁假诏，杀陈蕃、窦武，并捕李膺等百余人，牵连者达六七百人，是为第二次"党锢之祸"。

后汉提倡名节，崇尚儒学，因而对儒家亦极尽保护之能事，太学生大量出现，这是造成清流评政的原因。当时，洛阳太学时时扩建。到后汉末期，洛阳太学共有两百四十栋，一千八百五十个教室。达官与地主的子弟计有二万人来此从学。但是，真正解读经书的太学生并不多，浮华结私反成为当时的学生风气。这些学生也都参加反对宦官的政治运动。他们还曾组成几百人的示威队，向天子上书。宦官为制裁太学生，于灵帝时创办了属于宦官自己的鸿都门学，课程以文学、艺术为主，跟太学专以经书为主的课程正好相反。

号称三万的太学生，大部分都不是为学问才进太学，他们的目的是想借此获得进身之阶。学者方面，真正的学者也不多，大都互相争夺门生，当时最受学生欢迎的学者有"三君"（窦武、陈蕃、刘淑）、"八俊"（李膺等）、"八顾"（郭泰等）与"八及"等等。

总之，后汉崇尚名节，提倡道德的结果，不仅没有确立个人的伦理，反而造成虚伪浮华、自命君子的恶习，终于形成魏晋时代逃离道德、崇尚自由的风气。

汉代的长安与洛阳

前汉高祖刘邦破项羽统一天下后，定都渭水南边的长安，建长乐宫跟未央宫。惠帝时，役使长安六百里内的男女十四万人、诸王奴隶两万人，兴筑长安的城墙。

汉代的长安城在现在西安的西北。它的形状并不很整齐，东西南北各有门。城中，东西街道叫"陌"，共有九条，跟南北的八条街道成十字交叉。这些大街再细分就是当时所说的"里"，共有一百六十里。长安城内有三十二台、十二池、四山、八十一宫殿和十四道门。这些今已失其迹，只有未央宫的遗迹还留存在麦田中。

秦始皇建咸阳城时，曾把天下的豪族集中于咸阳。汉高祖也让战国各豪族集中住在长安对岸的长陵。长安城内曾发现跟齐临淄、燕下都同样形式、同样图样的盖宫殿的瓦。楚国的金币也出土过。当时被迁徙到长陵的豪族中有齐的田氏，楚的昭氏、屈氏跟景氏。楚的豪族被集中到长陵来的最多，这也许是汉高祖灭项羽后，怕楚国豪族反叛才把他们迁到长安来的。前汉时，楚辞在长安非常流行，这跟楚国豪族被迁徙到长陵可能有关系。前汉的长安聚有中国各地的人，战国以来各地方的文化也都被移植到这儿来，但这些文化在武帝前并未统一，到武帝以后才融合统一为汉文化。

新莽崩溃，赤眉入长安后，长安已成废墟。文帝霸陵、宣帝杜陵以外的皇陵都被偷掘。光武帝中兴汉室以后，便弃长安，迁都洛阳。

前汉历代的皇陵位于长安对岸、渭水之北的台地上，东西并列。这些坟墓都是方形，和秦始皇的坟陵形式没有不同。武帝的茂陵在前汉的皇陵中规模最大，东西长 231 米，高 46.5 米，附近有霍去病、卫青等伐匈奴名将的坟墓。霍去病墓前的石人、石马是前汉雕刻的优秀作品。

后汉光武帝于建武元年（公元 25 年）定都洛阳，中元元年（公元 56 年）开始建明堂、灵台和辟雍，并划定北郊的坟地。明帝永平三年（公元 60 年），建北宫及各官舍，洛阳的宫廷与庭园才告完备。

后汉洛阳是承继前汉洛阳而来，此后一直到北魏都是帝都。现在洛阳东边的洛阳古城是北魏洛阳的废墟。城墙南北长 3881 米。据传，后汉时，洛阳有十二道门，有南宫跟北宫两大宫殿。南方开阳门御道的东边有太学。后汉熹平四年（公元 175 年），曾经在这儿建蔡邕所写"六经"的"石经"，现已出土。现在洛水南方的"冈上"，据说是当时太学的遗迹。后汉末年，董卓入洛阳时，曾烧宫殿、官舍和民家，吕布曾偷掘皇陵等，因此后汉洛阳要到北魏文帝时才再度恢复其壮观。

秦汉时期的农村

按照战国时代的主要作物来分类，燕、齐、韩、魏、赵五国产小米，楚国产米，秦国（包含四川在内）产米跟小米。楚汉之争可以说是北方产小米地区跟南方产米地区的兵力之争，秦汉时代，华北产小米区的人口占压倒性的多数。根据前汉平帝元始二年（公元2年）的户口统计，华北约有九百万户，华南有一百万户，九比一。古代农村生活经常要受到自然环境跟栽培作物的限制。因此，前后汉时代，人口已达饱和点的华北渐渐向产米的华中、华南发展，华中尤受注目。当然，农村也划入政府的行政组织中，五户为伍，十户为什，百户为里，十里为一亭，十亭为一乡；一户约有五口。农村虽有自由农民，但是因为战争和天灾，加上官吏的苛虐，农村逐渐分化为豪族跟佃农，农村甚至也出现了农民流亡的现象。前汉末期跟后汉末期，由于农民穷困，发生了暴动，以致动摇了汉代的政治基础。

关于当时农村的实际状况所知不多，现根据近年考古学调查的结果，略述当时的农村情形。华北主要作物是小米，此外还产大麦、小麦、玉米、高粱、稗子、大豆、小豆等。稻米在长安跟洛阳等地的汉代坟墓也曾发现，文献上也有记载。稻米只有华北涌水一带生产。在渔阳郡狐奴县（位于今北京市顺义区），郡守张堪曾开垦稻田八千多顷。高粱产于洛阳跟辽阳等地。小麦从西域传来，而逐渐普及。但小米（即粟）产量最多，所以当时以"粟"来作谷物的总称。耕作的单位是步、亩、顷。农民若有一项地就算是上等农民。汉武帝搜粟都尉赵过奖励代田法，也就是说鼓励农民用二犁、二牛，三人耕种五顷地。这是大土地经营法。宣帝时，范胜之奖励以亩为基准的区田法，这是小规模的耕种法。前汉时，铲、锄、镰、犁等铁具已用到农村里。但华北土地跟生产力已达饱和点。

辽宁辽阳太子河西岸曾发现前汉的村落。其中，有用黏土跟木头造的六间房的家屋，家屋附有炉灶、地窖、井、厕所、木栅围住的方形家畜房及垃圾场。

华北的生产达饱和点之后，汉代就倾力去开发华中。在这以前，华中、华南是"火耕水耨之地"，虽然是产米区，但也是落后地区。春天时，烧草后播稻，夏天灌水，以除杂草。北方使用铁制农具，虽然稻作面积狭小，农耕技术仍不断进步，到后汉已采取分苗移植的方法。华中是新开垦的地区，所以郡守等官吏及地主常集聚北方流入的农民，给予铁器，治陂池，开水田，使他们能够安定居住。南阳是其根据地，秦时已经有大量移民。梁人孔氏在这时移到南阳，大量铸造铁器，挖陂池。汉宣帝时，南阳郡守召信臣兴水利，开田三万顷。后汉光武帝时，太守杜诗铸造铁制农具，治陂池，开水田，农民称便。这种开拓方式是从淮水、南阳往南逐渐拓展的。安徽寿县安丰塘，后汉时称为芍陂，近年来从这地方发现了当时的农具跟捕鱼的渔具。后汉时，淮水以南地区一直在开发，人口激增，因而出现了大豪族。三国吴便以华中的产米区做根据地。

长沙是战国时代的楚都，是当时汉人活动的最南地区。公元前214年，秦始皇遣兵南下，于今之广东、广西置南海、桂林、象郡，移犯人于此，开始与越人来往。到前汉，广东赵佗建南越王国。武帝元鼎五年（公元前112年）遣军攻南越，第二年陷南越首都番禺（今广州）。当时，有罪人跟江淮以南的楼船十万师从征，战后定居此地，占据了河川一带跟平原地区。越人有的逐渐和汉人混血，有的被赶到山里。长沙以南，气温高，湿气大，适于种稻，这跟华北种小米极为不同。家屋的建筑以木造为主。广东佛山所发现的汉墓有家屋、人物、牛、马、羊、鸭的俑，还发现犁田、插秧模样的人物。

汉代画像石与画像砖

汉代，建筑墓室的时候，用板石做石墙和柱，这些石上常雕以浅显的雕刻，这就是画像石。不仅墓室，就是墓前的石制祠堂、石阙或石棺，也都有雕刻，这些也称为画像石。

画像石从 1 世纪（后汉初期）开始制造，到 2 世纪达于全盛，3 世纪以后衰落下去。它是后汉时代的美术。后汉时使用画像石的坟墓分布于江苏北部及河南、山东、四川各省。自古以来深为人所知的就是山东的画像石。尤其是武氏石室画像，有铭文，画题有孝子传、列女传、刺客传等故事图，三皇五帝图及以西王母、东王父为主题的神灵图，各类神怪图，官吏生活图等，很能显示出古人的生活和思想。山东省发现了一百多处画像石，地域色彩很浓厚。看起来古拙，但充分显示出山东一带画匠的技巧。其中只有沂南大墓的人物画像相当写实。

画像石大致分布于山东、河南南阳与四川三个地方。南阳的画像石非常明朗而优美。尤以奔驰的龙、虎、独角兽等灵兽的表现最为优美，可想见后汉宗室发祥地南阳一带画工的活跃。

四川不仅有画像石，还有独特的画像砖。这两种画像已经把南阳一带的龙虎表现运用到人物的描写上，柔和而美丽。

所谓画像砖是指印在砖瓦上的木刻的画。河南省有许多大型的出土画像，是前汉的作品。四川的画像砖是后汉晚期的作品，整个砖瓦上都印着人物及其他画面。人物画主题着重于官吏的公私生活。宴饮图上，已经能够深入地考虑到人物的配置，而且使用了一种远近法。舞姿及其他动作显得生动活泼。一般民众生活的描写如山里的制盐业跟农民的田里作业也被注意到。最有趣的是坐在池畔射鸟的情景：池中莲花并蒂，水禽浮游，空中有飞鸟，构成一幅极美的风景画。这种自由而具抒情性的描写，后汉时已有，由此也可推测出当时绘画方面的进展情形。画像石跟画像砖都是无名画匠的作品，这一点很值得我们注意。

西汉的竹简

据日本方面报道，1972 年 4 月，在山东省临沂银雀山发掘了两座西汉前期（约 2200 年前）的坟墓。坟墓里发现了许多竹简。竹简之外还有漆器、陶器、铜器、货币等陪葬品。

这两座坟墓分别称为一号坟墓跟二号坟墓。一号坟墓出土的竹简有 4942 枚，每枚长 27.6 寸，宽 0.5 到 0.9 寸，厚 0.1 到 0.2 寸，这些竹简大部分是兵书。二号坟墓出土的竹简略大，有 32 枚，长 69 寸，宽 1寸，厚 0.2 寸，载有"汉武帝元光元年历谱"字样。文字都是隶书，而且是用毛笔蘸墨写的。从字迹来看，并不是一个人写的，文字都很清晰。

这些竹简中，有《孙子兵法》105 片，《孙膑兵法》232 枚，《六韬》54 枚，《尉缭子》36 枚，都是兵书。

《孙子兵法》跟现在所流传的《孙子十三篇》大致相同，篇名似乎也发现了。我们现在要知道先秦留下来的文献只有靠班固《汉书》中的《艺文志》。西汉末年刘向、刘歆父子曾经校对整理西汉皇室图书馆所保存的竹简跟木简，制成定本，并编成很完整的分类目录。班固便根据这目录撰成《艺文志》。刘向父子还写了《别录》，详细叙述将不同版本编成定本的过程。但是，很不幸，《别录》只有一小部分留传下来。《孙子》的别录今已不存。但是，据《艺文志》载，《孙子》有《吴孙子兵法》八十二篇与《齐孙子兵法》八十九篇。现在所流传的《孙子十三篇》，究竟相当于其中的哪一些，从来就有不同的说法。司马迁在《孙吴列传》中说，齐人孙武赴吴，出仕吴王为军师，其兵法即《孙子十三篇》；又写道，孙武的后裔孙膑生于齐国，也是精通兵法的人，曾任齐的军师，破庞涓所指挥的魏军。世上相传有《孙膑兵法》，但是《孙膑兵法》从唐以后就佚失了。因此，后人对《孙子兵法》的作者有不同的说法，有的认为它不是一个人写成的，有的认为是曹操根据先人著述改写的。现在大致可以确定了。

在这次出土的竹简中，除《吴孙子兵法》之外，还拣出了《孙膑兵法》。其中记载说，魏将庞涓被擒，《史记》则说庞涓自杀。不管如何，《史记》所说，世上相信有《孙膑兵法》，大概是不错的。

此外还拣出了许多先秦的兵法。《六韬》是周太公望与周文王、周武王问答的书。现在的版本，清朝的学者都说是后人伪作的。还有一向被称为伪作的《尉缭子》，也从这些竹简中拣出了。由于这次的发现，我们大致可以确定这两本书是先秦留传下来的著作了，虽然我们还无法确知它们的作者。

除了上述兵书之外，所捡出的竹简还有《管子》10枚，《晏子春秋》120枚，《墨子》1枚。此外，究竟还有什么，就不得而知了；因为据报道，这次所拣出的竹简只是5000枚中的800枚。

据说，竹简跟木简的出土迄今已超过三十次。但先秦著作出土的，连这一次在内只有三次。一次是1959年9月于甘肃武威发掘的磨咀子的东汉坟墓，出土的古籍是《仪礼》；另一次是1972年11月武威旱滩坡发掘的东汉坟墓，出土的是医药简。这次发掘的古籍种类跟字数都最多。

据报道，这次发掘的两座坟墓，墓室都是长方形。一号墓室南北长3.14米，宽2.26米。二号墓室长2.91米，宽1.91米。墓室的底部，一号离地面2到3米；二号3.5到4米。墓室的上部都已破损。放棺的外廓用灰色黏土覆盖，并未破损。外廓中一半放棺，一半置陪葬品。棺的外侧涂黑漆，内部涂朱漆。棺中只有一堆白骨，无法知道其性别。

汉代的"玉衣"

1968年夏天，在河北省满城西郊的陵山挖掘了西汉中山靖王刘胜跟他的妻子窦绾的坟墓。中山靖王是汉武帝的哥哥，窦绾是文帝窦皇后的亲戚之女。从他们的坟墓中发掘了各类铜器、金银器、玉器、陶器、丝织品等华美陪葬品，还出现了中山靖王夫妇所穿的用金线编缀玉片的"金缕玉衣"。刘胜的玉衣有玉片2498枚，窦绾的玉衣有2160枚，经过修整后，现在已完全复原。

"玉衣"是汉代皇帝跟高级贵族的葬服，全部用玉片制成。由于阶级的不同，玉片之间分别用金丝、银丝或铜丝编缀。

玉衣在满城出土之前，从1946年到1970年之间，曾发掘过六次，但都不完整，所以无法了解它的形制。这六次出土的玉衣共有六套（或七套），加上满城出土的两套，共为八套（或九套）。其中用金缕编缀的有两套；用鎏金铜缕编缀的有一套（或两套），用银缕编缀的有一套，用铜缕编缀的有四套。

按汉制，皇帝死后都用"金缕玉柙"，诸侯王、列侯第一代等都用"银缕玉柙"，大贵人和长公主用铜缕。"玉柙"就是"玉衣"。发掘出土的玉衣中，中山靖王刘胜为金缕，东汉中山简王刘焉（1959年发掘）为鎏金铜缕（大概与银缕相当），比汉制规定的诸侯王为高，这或许是皇帝所赐。中山靖王是始封的诸侯王第一代，应用银缕；中山简王是袭爵的，照理似应比始封的王低一级，应用铜缕。除此而外，彭城王（1970

年发掘）为银缕，袭爵为侯的刘安意是铜缕，这些都跟汉制规定相符。

　　"玉衣"在汉代文献中一般称为"玉匣"或"玉柙"，偶尔也称为"玉衣"。"玉衣"这种葬服，战国末期可能已具雏形。《吕氏春秋》已经有"含珠鳞施"的记载，它的形制没有玉衣完备，但是很可能是汉代玉衣的前身。汉代用玉衣为葬服，可能是为了防腐，但满城汉墓"金缕玉衣"中的尸骨已腐朽。魏文帝曹丕于黄初三年（公元 222 年）禁止使用"珠襦玉匣"，玉衣在考古发掘上也未再发现。换句话说，玉衣仅汉代有。

汉代的科学发展

秦朝在政治组织方面已经成为后代的模范，以前的封建制度被废除，开始实施郡县制度。全国分成若干郡，再细分为县。郡县的官吏都由中央派遣，以天子为中心的官僚政治遂告成立。汉朝承继，完成了这种政治组织。在学术方面，汉代可说已集古代之大成，在科学方面的成就更是斐然。

在天文学方面，公元104年，汉武帝实行改历，这就是"太初历"。太初历后来曾经一再修订，而成"三统历"。改历的时候，用浑天仪做观测器，测定天体的位置。天文学家在官僚组织中也占有一席之地，同时确立了国家天文台的组织，这种组织一直持续到后代。

在中国的天文学中，"历"的计算是最重要的研究对象，但是，国家天文台为了占卜国家的命运，热心地观察天体现象。汉时也曾一再讨论类似宇宙构造论的天文学说。天文学说中最重要的是"浑天说"跟"盖天说"。"浑天说"认为，负载天体的天球中心是大地。"盖天说"则认为，天和地是互相平行的平面或曲面。

在数学方面，《九章算术》完成于汉代。这部数学书共分九章，是中国古典数学书中最具代表性的。问题的复杂及其程度之高，极其惊人。其中有一次的联立方程式及二元一次方程式的解法。在计算过程中，有正数也有负数。此外还有立体的面积与体积的计算。就计算技术而言，比同时代的希腊远为优秀。

在《九章算术》中，还用毕氏定理来计算直角三角形。但是，毕氏定理的证明却付诸阙如。欧几里得几何学是从几何学图形的定义及一般承认的公理去证明定理。这种逻辑推演是中国数学所没有的。《墨子》所显现的逻辑学失传后，中国数学的推理也深受影响。《九章算术》虽然有优异的计算技术，但是缺乏几何学。这种现象一直延续到后代。

在医学方面，有《黄帝内经》跟《伤寒论》，两书都是中国医学的代表性著作。《黄帝内经》，作者不明，著成时代也不清楚，大概是前汉的时候编纂的，此书是基础医学（即生理学与病理学）的代表性著述，分《素问》跟《灵枢》两部分。《灵枢》记述针灸甚详。

《伤寒论》是后汉张机所编，张机字仲景，以字名于世。当时，带有高热的流行病到处蔓延，仲景家族亡者甚多。这本书不止有益于流行病的治疗，也有助于一般疾病的治疗，因而成为临床医学的宝典。《伤寒论》认为，疾病是外在的邪气侵入体内而引起的，因而按其侵入体内的状态，把病状分为六种。从这六种病状可看出脉搏与身体表面所显现的症状。对于治疗这些症状的药物及其调配，《伤寒论》有详细的记载。

现代医学大抵是先调查器官的状况，而后针对有问题的器官施予治疗。中国医学的特色是观察整体的症状，而后进行综合性的判断与治疗。这种把人当作一个有机体的优异见解，实在可供把人当作一种机器的现代医学做参考。

《伤寒论》把人体跟症状都分为阴阳，是从二元论的立场立论的。《黄帝内经》则采纳五行说，创制了相当繁琐的理论。在对后世的影响方面，《伤寒论》远过于《黄帝内经》。

就汉代的著名医生而言，前汉有仓公，后汉有华佗。华佗擅长外科手术，据记载说，他是使用麻醉剂之后再进行切开手术的。这麻醉剂被称为"麻沸散"，其成分为何，不详。有人认为也许是用大麻做麻醉剂的。

黄巾之变与董卓

后汉末年，皇权几乎名存实亡，变成外戚与宦官争权的局面，就在这时发生了"黄巾之变"。这些反抗政府的民众组成的军队都头缠黄巾，口称："汉朝天下的苍天已死，新的黄色天下将到来。岁在甲子，天下大吉。"他们都不怕死，杀官吏，毁官衙。变起的时间是汉灵帝甲子年（公元184年），领导人物是巨鹿人张角。他自称"贤良大师"，带着九节杖（据说这九节杖是十多年前仙人之物），领着若干从者，从这一村到那一村，不断宣扬他的道教，他说："病人呀！来吧，悔罪喝这符水，病就会好起来，不好不必信道！"在这宣扬之下，仅仅十几年的工夫，就有了几十万信徒和三十六方（"方"是教区的意思）。这三十六方的信徒都相信：推翻汉朝，新天子出现，我们就可得救！于是，这些信徒都不惜生命地团结作战，终于使汉朝走向败亡的局面。

黄巾之变发生的原因很多，但是最主要的原因是地方势力兼并土地，造成社会的不安，更导致农民的贫困。当时的学者仲长统就曾悲叹时局的颓败，警告当政者说："富豪之家，连栋数百，肥沃的田地无限，奴婢有千人，附从达万人。利用车船的贾贩，遍及四方，囤积的货物非常多，几乎把都城都充满了，实物连大房间都放不下，牛马羊猪满布山谷。"可见贫民与豪富之家的差异有多大。

黄巾之变发生后，汉灵帝召集各地将军平变。这些将军虽然遭遇到黄巾徒众的激烈抵抗，还是予以各个击破。尤其在张角病死以后，黄巾声势大落，终于平息。但其后二十年，民众的暴动仍然不时发生，致使都市与农村完全荒废。各地将军也乘汉室威权的衰落，借口讨伐黄巾，逐渐坐大，而成为军阀。地方上的大地主为了自卫，把佃农、奴仆、食客武装起来，并尽量收容避乱的民众，兼并土地，组成独立的部族，而在其四周筑起土墙（坞），自为"坞主"。军阀与军阀之间，军阀与坞主之间，坞主与坞主之间，彼此互战，终于造成群雄割据的局面。在这些军阀或坞主当中，最残忍的是受诏入京弹压宦官、以拥立献帝而掌政权的凉州军阀董卓。

他借口搜索犯人，放任士兵侵入洛阳豪贵之家，掠夺奸淫，洛阳为之一空。进而挖掘灵帝坟墓，夺其珠宝。洛阳市民在恐怖政治下颤抖求生。在这种情况下，东方军阀自然不能坐视，联合发兵，进军洛阳。董卓不得已，撤离洛阳，逃向西方。洛阳及周围二三百里都被他纵火焚烧，他还强迫献帝及都民数百万迁徙长安，路上不堪急行军而死者无数，路途几为之塞。到长安后，他又大事掠夺，所得粮食可供全军三十年食用，准备以长安为基地做持久战。但是，过不久，就被他的部属吕布所杀。洛阳与长安也因此而荒废。

曹操这个人

曹操生于东汉桓帝永寿元年（公元 155 年），沛国谯县（现在安徽亳州）人。年轻时，游手好闲，不务正业。祖父曹腾是东汉末年拥有大权的宦官。父亲曹嵩是曹腾养子，长大后不愿做宦官，用钱买了太尉官职。曹嵩虽然有钱，而且做了大官，但是他是宦官的儿子，始终无法打进当时的清流社会（读书人的社会），甚至被清流社会所排斥。曹操出生后，也遭遇了同样的命运。

曹操既然不容于清流社会，加上东汉末年社会大乱，儒家伦理已经逐渐丧失了原有的权威，于是，曹操就以另外的一种面目出现于社会。

曹操年轻时，虽然游手好闲，但他还是很喜欢读书。他选择性地读过儒家经典，但他更喜欢读《管子》跟《韩非子》这一类法家著作。因为他认为只有严格的法律才能统治得了东汉末年混乱的社会。他后来做魏公，掌握政治大权的时候，便舍弃正统的儒家思想，采纳法家思想，推行法家政治。此外，曹操还非常喜欢读兵法。他能够压倒汉末群雄，统一华北，就和熟读兵法很有关系。他曾经注解《孙子》，并且集各家兵法，写成《接要》，颁发军中，作为战术教科书。他认为自己很有用兵的天才，所以一切作战计划都由自己拟定。他喜欢用奇兵，在政治上也喜欢玩弄权谋。

他喜欢用权谋，也怕他人用权谋，所以处处防人。这样当然不能信任他人，也不敢信任部下，使他的部下无法充分发挥才干。这是曹操最大的缺点。他无法统一中国，也许和他这种性格有关系。

西晋贵族的奢华

晋武帝的时候，财富都集中在洛阳，晋武帝自己又是一个宽纵仁厚的皇帝，不仅不能约束臣下，也不能律己。在他治世期间，虽然崇尚节俭，但又禁不住内心向往奢华的要求。尤其到他晚年，简直沉溺于游宴，更加助长了贵族间的奢华。

有一次，武帝到王济家吃饭。王济用琉璃器盛山珍海味，叫身穿绫罗的婢女百余人侍候。菜肴中有一道蒸猪，是用人奶喂肥的。

这时候的贵族，最富有又最奢华的要算石崇。在洛阳西北，他有一座非常豪华的别馆，名叫金谷园。此外，他还拥有碾米厂三十多处，奴仆八百多人。他拥有的田宅有多广大，从这里可以想象得出来。金谷园宴会时，厕所也放红帐，准备香汁，两旁并列盛装的美女十多人，让她们替那些从厕所出来的客人换新衣裳。因此，有些客人就不好意思上厕所了。

跟石崇竞争豪富的是武帝的舅舅王恺。武帝当然是帮助王恺的。有一次，武帝送王恺一棵珊瑚树，高两尺。王恺非常得意，拿去给石崇看。石崇看过后，用铁如意把它击碎。王恺非常生气。石崇说："别生气，我还给你就是了。"于是拿出自己收集的珊瑚树，有三尺的，也有四尺的，比武帝送的要好得多。王恺看了，简直说不出话来。武帝和王恺合起来的财富居然还抵不过石崇。

在这个时代，也有把全部兴趣集中在蓄财的守财奴。竹林七贤中的王戎就是这样的一个人。他有阔大的房子跟无数的奴婢，田产和水碓也遍于天下。但是，他晚间最快乐的时刻，却是跟妻子在灯光下数自己的财产。他家中庭院的李树，每年可以替他赚一笔大钱。他很怕这些良质的李树种子被人家偷捡去，就用锥子在果核上开个洞。从这里可以看出他的吝啬。

晋武帝时候的财富，不能用在民生上，只用来竞争豪奢，可以说是西晋经过短短五十二年就灭亡的重要原因之一。

西晋时代的五胡

五胡通常是指匈奴、羯、鲜卑、氐、羌五个边疆民族。羯是匈奴别种，鲜卑一般认为属东胡。氐跟羌自东汉末年到三国时代，逐渐和汉人混居在一起，从事农业跟畜牧。直到西晋的时候，氐跟羌都还没有成为一个凶暴的集团。当时为害中原最厉害的是入居河北、山西，以及陕西北部的北方民族，尤其是匈奴和羯。

当汉朝国力强大的时候，匈奴大都住在长城以北，过着游牧生活。东汉末年起，才有一部分的匈奴人移住到长城以内，或在汉人统治下工作，或形成部落定居下来，从事农耕生活。这些匈奴人在战乱或凶年的时候，有的投靠晋朝的地方将领，充当士兵；有的成为豪族的农奴或奴隶。尤其在晋武帝的时候，太始元年（公元265年）有两万多人来归，太康五年（公元284年）有两万九千人来归，太康八年（287年）有十多万人来归，武帝允许他们住在山西跟陕西一带。最值得注意的是，晋武帝太康元年（公元280年）灭吴以后，把地方上的军力缩小了，以致无法控制大量南下的匈奴族。

胡人和汉人混居在一块，加上它的势力一天比一天强大，使得当时的政府官员很害怕。于是，有人向晋武帝建议，把胡人强制遣回北方原住地，避免以后发生问题。晋武帝不听。武帝死后，晋惠帝即位，守护朝廷的八王互相争夺政权，引起了历史上的"八王之乱"。战乱地区从洛阳扩大到中原一带。这一带的居民，由于战争、歉收、掠夺，一直过着流亡生活。

晋惠帝元康六年（公元 296 年）、七年（公元 297 年），关中一带连续大饥荒，加上瘟疫流行，米一石高涨到一万钱，还常常买不到。直到元康八年，饥荒才好不容易停止，但是别的地方又发生了大水灾。在这样的情况下，战争、抢掠和杀人还到处发生，持续不断。于是那些早先受雇于汉人，过着农耕生活的胡人，就无法住在荒芜战乱的地区，开始流窜寻食，有的成为盗贼，有的组成军队，到处抢劫骚扰。这些胡人（尤其是匈奴）慢慢地团结成一个强大的武力集团，而后从这集团中产生出足以服众的领袖人物。

晋怀帝永嘉四年（公元 310 年），华北一带发生大蝗灾，一村移向一村，草木都被蝗虫吃光，甚至连牛马的毛都保不住，瘟疫跟着也发生。襄阳地方因为发生瘟疫，有三千多人丧失了生命。在瘟疫发生的前几年，匈奴人刘渊统一了山西地方的匈奴人，自立为汉王，接着称帝，建都平阳（今山西临汾）。刘渊死后，子刘聪杀兄继位，开始派遣部下将领到各地袭击晋军，又命令刘曜攻击洛阳。晋军与匈奴军队经过前后十二次的攻防之战，洛阳终于陷落。匈奴军队烧了洛阳各处的衙门，杀了太子、王公、大臣跟老百姓达三万多人，皇帝陵墓也被挖开。怀帝被俘虏，送到平阳，过不久就被杀害。这就是历史上所说的"永嘉之乱"。

怀帝被杀以后，愍帝在长安即位。愍帝建兴四年（公元 316 年），刘曜又进围长安，愍帝投降，西晋灭亡。此后，黄河流域一带就成为五胡互相争夺霸权的地方。

东晋初期王敦、苏峻之乱

东晋初期的叛乱先是由王敦引发的。王敦是当时宰相王导的族兄，因拥立元帝有功，在朝廷有很大的权力，而且掌握了南京以西长江流域一带的军权。他和宰相王导虽然同出一族，但两人的性格非常不同，这从下面的一段故事可以看得出来。

西晋末年，王恺跟石崇斗富的时候，王导和王敦曾应邀赴王恺的酒宴。酒宴上，有一歌伎只因弄错了笛音，就被王恺当场殴杀。一座大惊，只有王敦，颜色自若。王恺宴客时非常残暴，他要美女挨次替客斟酒，假使轮到客人不肯喝，就立刻把她杀掉。在某一次豪奢的宴席上，美女斟酒到了王敦的面前，王敦故意移开酒杯，不肯接受。美女大惊失色，不胜悲戚，王敦傲然佯作不知。王导就和王敦不同，他本来是个不会喝酒的人，但是为了美女的生命，他常勉强把酒喝下去。

王敦这种傲然冷酷的性格，当然不容易服人。他以东晋创业功臣的身份掌握了长江中游的军权，扼住了首都建康的咽喉。元帝永昌元年（公元 322 年），他声称那些想要压制自己势力的元帝亲信是奸臣，而举兵叛变，进逼建康。王导也只好出兵征讨同族叛将，但是，官军作战不利，朝廷只得听命于王敦。明帝太宁二年（公元 324 年），王敦病死，叛军才被平定。

苏峻是山东即墨人，永嘉之乱时，招集流亡百姓，组成盗匪集团，到处掠夺。后来，因讨伐王敦有功，被封官。过不久，就竖起叛旗（成帝咸和二年，公元 327 年)，从安徽进逼建康，纵火焚烧宫殿，任意掠夺财物，并侮辱宫廷女官，驱使百官搬运货品，命令男女脱光衣物，极尽侮辱之能事。百官仕女哀号之声达于远近。金、银、布、绢、钱，一切都掠夺殆尽，王公大臣只用煮剩的米来充饥。不久，各地义军纷纷来救，苏峻之乱才在陶侃和温峤的领导下被平定。

宫廷被烧毁以后，豪族中有人主张迁都会稽，王导坚决反对。于是，开始重建建康宫殿，东晋首都才稳定下来。此后，东晋还遭受桓温和桓玄等军阀的压迫，也曾被前秦苻坚进犯。

东晋孝武帝与司马道子

　　淝水之战时，东晋谢安做宰相。战后，他曾经企图利用北方混乱举兵北伐，但是因为有人从后牵制，无法实现。公元 385 年，谢安逝世。

　　谢安执政时，正是东晋孝武帝在位期间。孝武帝之父简文帝未即帝位前有三子，皆夭折。其后，他宠幸许多宫女，但是没有一个人能替他生下一个儿子。于是，他找巫者替他相看那些爱妾。巫者说："她们都是不会生儿子的人。"又把一些使女唤来，当时，有一个李姓使女出身织坊，身高脸黑，大家都叫她"昆仑"（黑人）。巫者看到这女人大吃一惊，说："就是这个女人。"简文帝太想要儿子了，因而非常宠爱这卑贱的黑女人。她果然替他生下两个儿子，老大就是孝武帝，弟弟就是谢安死后掌握中央政权的会稽王司马道子。孝武帝跟宰相弟弟司马道子都不理政务而耽于女色。宰相的亲信中有一个名叫王国宝的人。王国宝是谢安的女婿，但是谢安非常讨厌他，不肯用他。他成为司马道子的亲信后，就依行贿的多寡任免官吏，中央政务更为混乱。

　　司马道子跟王国宝都信奉佛教。但他们信奉佛教，完全是为了奢侈生活与酒色。当时会稽许荣上书朝廷，指称朝政的混乱、任官的浮滥，进而指出："佛本清虚之神，以五戒为教，禁酒与淫。但是，现在的奉佛者皆与尼姑同耽酒色。"许荣的上书当然不会被接受。当时，尼姑中有释号"支妙音"者，博学能文，深受孝武帝跟司马道子等显贵所敬慕。公元 385 年，司马道子曾经替支妙音尼在建康建简静寺。有一百位才学优秀的尼姑住于其间，供养的财物堆积如山。贵族豪门出入寺门，每天车马达一百辆，桓玄还请她帮助，让殷仲堪出任荆州刺史。尼姑们也经常出入宫廷，丑闻遍布。

孝武帝与司马道子不理政务，耽于酒色，终于导致桓玄的叛变。

东晋孙恩之乱

后汉的灭亡与信奉道教的黄巾之变有密切的关系。同样，东晋的灭亡也跟信奉道教的孙恩之乱有紧密关系。孙恩本是琅琊人，他的家庭代代都信奉道教。叔父孙泰从道士杜子恭学得道术，在会稽一带传道，被当地老百姓奉若神明。信徒们不仅奉献财产，甚至连子女也奉上，以求多福。会稽王司马道子把他流放到广州，但是他在广州也获得了许多信徒。孝武帝听说孙泰知道"养性之方"，就把他召还。司马道子也任他为官，于是各阶层中信奉道教的人越来越多。会稽王的长子司马元显常常去拜访他，要他传授秘术。

孙泰眼见政治越来越腐败，于是煽动百姓，募集军队，计划举兵叛晋。三吴（吴郡、吴兴、会稽）官民附从者甚多。但是，事机不密而外泄，孙泰被司马道子杀害。孙恩逃到海上。信徒们听到孙泰被杀的消息时都认为孙泰并没有死，而是升天做神仙去了。于是，他们集资送给孙恩。孙恩倾力集结亡命者，以伺复仇的机会。他不时听到吴郡、会稽一带的人民因受不住司马元显的暴政而欲有所动。于是，他下令攻击浙江，杀上虞县令，袭击会稽。当时守会稽的是道教信徒、书法名家王凝之。他认为只要请来鬼兵，一切都可安然无恙，因此对守备方面的巩固并不十分用心。会稽终于被孙恩攻下，王凝之一家老小都被杀害。

孙恩占领会稽以后，各地的道教信徒都一齐起事，杀害地方官员，孙恩的声势更为浩大，兵员达几十万人。这些被称为"长生人"的军队毫不慈悲地杀戮反对者，甚至连婴儿也杀。军队所过之处都被掠夺、烧毁。跟随孙恩军队的妇女，有的还把幼儿投入水中，并声称："你们先到仙堂等我，我马上就去！"

过没多久，东晋的平乱军纷纷杀来，孙恩等人再度逃到海上。第二年，又登陆浙江，流窜各地，逼迫建康。建康虽然没被攻下，但在各地的争夺战中，东晋的著名官员牺牲的非常多。也因此，刘裕才逐渐出人头地。最后，孙恩的"长生人"军队被刘裕等将领击退。公元402年，孙恩自杀于海上，几百名信徒追随其后投身海中。他们认为这样可以成为"水仙"。

当时，东晋朝廷已为军阀桓玄篡夺。江南一带重要地区荒废不堪，人民饥苦难忍。在这种状态下，讨伐刘恩有功的刘裕也跟新当皇帝的桓玄对立起来，最后导致了刘裕的篡晋。

东晋时代的江南

　　在汉代以前，汉人通常把长江中游到下游一带叫作江南。在汉朝的时候，一般认为江南是汉文化的边区地带。

　　在史前时期，江南已经有人居住。周朝初期，有一小部分的华北人迁徙到这里，跟原来的居民混同居住。

　　江南地广人稀，周朝初期已经开始使用原始的农耕方式生产稻米，即放火焚烧野草丛生的原野，而后播种，等稻米成长到相当程度的时候，再灌溉，并除去野草。这种耕种方式在华北的中国人看来，是野蛮、未开化的农耕方法。当时，华北人口繁密，未开发的原野山林很少，当地人大都在黄土高原的旱田上种植麦和玉米。此外，华北民众吃的是猪肉，马是主要交通工具；江南民众大都吃鱼，船是主要交通工具，所以有"南船北马"的说法。江南气候湿润，不适合北方人居住，所以到汉代，移居的人还不是很多。

　　东汉末年，黄巾之变以后，为了逃避中原战乱，才有成群的北方人移居到江南。尤其是孙吴称帝江南以后，各地流民纷纷涌入，人口大量增加，华北的农耕技术开始输入，生产技术进步神速，资源的开发因此获得显著的成果。于是，江南也跟华北一样，出现了僮仆成群、牛羊蔽野、田地千里的大豪族，贫富之差非常显著。

　　山东的琅琊豪族王导，本来就跟琅琊王司马睿过从甚密，永嘉元年（公元307年）随琅琊王赴江南，在建康（现在的南京）建立根据地。

当洛阳遭受匈奴攻击陷于危机的时候，中原人士避乱江南的，占十分之六七。王导就招请这些人物当中的贤人君子作为谈话的对象，又跟江南旧豪族相交结，很得人望。建兴四年（公元316年），西晋愍帝被俘以后，王导便跟王敦和江南旧豪族顾荣、贺循等人，拥护司马睿做晋王，过一年，即帝位，这就是东晋元帝。从此，王导等豪族便掌握了东晋的政治实权。

东晋初期的疆域，大抵以淮水以南、长江中下游一带为中心，西到四川，南至广东和广西。当时江南人口还很少，到华北成为胡人互争霸权之地的时候，华北民众仰慕东晋、避难江南的就越来越多。这些流迁到江南的人，都没有土地，当然无法立刻从事生产。因此，劝农就成为东晋初期最紧要的政策。东晋元帝太兴二年（公元319年），江南的吴郡、吴兴跟会稽发生大饥荒，饿死的有几百人，劝农政策更需积极推进，因而采取了让流民定居江南、从事农耕的政策。凡是开垦荒地的流民，第一年可以免除租税，第二年只收地税，到了第三年才征收地租跟地税。

江南有广大的土地跟丰富的水源，最适合农业的发展，但是，这些土地和劳力都给豪族门阀独占了。当时从北方迁来的豪族门阀，都利用他们带领南来的人力霸占土地，开垦荒野山林，跟江南豪族竞争，而成为拥有广大土地的大豪族。他们拥护的东晋皇帝也无力压制他们。当时，不管皇帝或豪族，都没有北征中原、驱逐胡人的雄图。在民生方面，也没有积极推展的意思。他们只享受自己拥有的地位跟豪富，过着清谈雅游的日子。他们羡慕西晋洛阳人的生活态度，崇敬竹林七贤，喜读老子跟庄子的书。因此，西晋末年郭象所著的《庄子注》就成为当时的畅销书。

这些豪族常在建康的宫廷、贵族的邸宅跟山水优美的会稽贵族别馆邀请精通玄学、玄论的人召开辩论会，或者优游于山水竹林间，跟文学修养丰富的名士清谈过日子。

东晋时代的江南，已经不是贵族们恢复北方失土的根据地，而是他们辩驳清谈的地方。

魏晋文化的渊源

后汉末期政治混乱，社会不安，首先发生了黄巾之变。接着，后汉灭亡，中国进入三国鼎立的局面，后来虽有短暂的一统局面，但旋即进入长期分裂的状况。在这政治、社会都不平衡的状况下，在政治上，后汉延续而来的地方势力逐渐掌握中央官位；在文化上，则产生逃离儒家道德束缚的玄谈局面，逐渐促成儒家与道家混融的现象。

后汉灭亡，三国魏成立以后，为了把汉朝的官吏以及后汉新产生的地方势力纳入新政府底下，创立了九品中正制。地方上的郡都设有中正，中正负责调查郡内有才德的人士，然后按九品等级分类报告中央政府。中央先将官吏分成九品，然后把地方送来的报告跟中央的分类互相比较，再任命被推荐者适当品位的官职。乍看，这似乎是一个很公平的任官方式。其实，后汉时，地方豪族已经拥有超群的财力与武力，而且掌握了地方实权。其馆舍、田亩遍布州郡，荣乐甚于封君，势力有如郡守、县令，犯法不究，养士可为之效命，由此可见这些地方豪族的势力。如果他们有意当官，州郡是不敢不推选的，结果，九品中的上位自然不能不归豪族名门的子弟所有。加上魏晋时代一直动乱不安，豪族的势力越发强大，士庶逐渐没落，终为名门豪族所吸收。名门豪族也就慢慢成为一大势力。因此，地方官所判定的品位，豪族绝不落于二品以下。相反，苦学没势力的读书人却永居九品的下位。这种"上品无寒门，下品无世族"的情形继续发展的结果，便是名门豪族独占中央官位，享受豪奢生活。总之，九品中正制是六朝文化的一个源泉。

六朝文化的另一源泉便是所谓"正始之声"。儒学在汉代前后将近四百年的期间一直被奉为官学。但是儒学到后汉末年已经逐渐丧失其原有精神，开始分化成两个方向：一是儒学成为名士导引太学生批评时政的基础，另一是儒学家沉潜于经书词句的繁琐注释。前者导致部分儒学者逃离儒家伦理，遁入清谈；后者则导致部分学者反叛儒家，也同样遁入清谈。但是，社会不安的影响，绝不能忽视。"正始之声"似乎可说是清谈之始。

后汉末期，注释儒家经书的学者，往往五个字的一句话要推演成两三万字，它的繁琐可以想见。在后汉前期，由于儒学是官学，是升任官职的阶梯，一般青年还肯勤学进修，换句话说，国家的权威还有吸引青年进学的力量。但到后汉末期，由于政治腐败与军人跋扈，国家权威逐渐衰落，儒学也就相对式微了。何况华北一带连年天灾战祸，青年们当然无法潜心读儒家经典了。加上曹操只重实用的人才，不重道德的操守，儒学也就更加衰退。据说，在魏齐王曹芳正始年间（公元240年至公元249年），参加朝政的四百多位官员中，通礼制的不到十人。虽然如此，但不能因此就说不愁衣食的名门子弟已经扬弃学问之道。九品官员依然是有儒学修养的知识分子，只是新的青年学生已经从经典训诂的暗诵中解放，而能自由选择古籍，用自己的想法配合感知的解释，并扬弃古说的束缚，得以自由谈论。

首先促成这种学风的就是正始年间的学者何晏与王弼。他们喜欢研究《易经》、《老子》与《庄子》。由此展开的儒学，自然与汉代的儒学不同。他们把探究、体认老子之"无"的学问称为"圣人之学"。王弼（公元226年至公元249年）的一位朋友曾问他："圣人孔子不是没有说过'无'吗？"王弼回答说："圣人孔子是一个曾体认'无'的人，'无'不应该用语言来教，所以不谈'无'。老子还没体认到'无'，所以常常说'无'。"何晏是何进的孙子，他的母亲是曹操的妾，他娶曹操的女儿为妻。他长于魏廷，成人后过着相当放荡的生活，终于被杀。他认为孔子跟老子都是圣人，圣人是体认"无"的人。王弼和何晏在正始末年相继去世。他们破坏传统儒学、崇尚老庄的言论被称为"正始之声"，西晋时已经逐渐扩大，到东晋时，跟清谈结合，而成一时风尚。他们以"无"作为万物的根源，可说是一种形而上学的思维。

王弼、何晏首先破坏传统的儒学，接着便是"竹林七贤"的扬弃儒家伦理，而在自然中过着悠游自在的生活。所谓"竹林七贤"是指魏晋（西晋）时代的阮籍、嵇康、山涛、向秀、阮咸、刘伶、王戎七人。他们活动的地区是山泽竹林甚多的河内山阳，这地方"百卉吐芳华，崇台邈高跱，林木纷交错，玄池戏鲂鲤"，是个山灵水秀的地方。他们各有自己的个性，但是都喜欢酒，喜欢音乐，喜欢议论，尽量避免世俗多礼的生活，主张自由自在的生活，以期达到老庄的豁达境界。

他们的生活态度未必正确，但在人性自觉这一点上，却有突破传统的权威束缚、追求自由的意蕴。他们的这种生活态度到东晋以后逐渐扩展，开启了东晋的清谈风气。

魏晋时代的佛教

印度佛教进入中亚，再传入中国，大约花了五百年的时光。据《三国志·魏略·西戎传》的注说，前汉哀帝元寿元年（公元前 2 年），大月氏王的使者曾口授佛经给景庐。一般认为后汉明帝永平十年（公元 67 年），佛教才传到首都洛阳。正史说，后汉明帝的异母弟楚王英崇奉佛教。当时，佛教颇能与异地的思想融合。譬如，佛教传入中国后，就逐渐跟儒家思想混合，但要花一段相当长的时间。

当然，佛教的剃发为僧、不奉祖先，跟儒家的尚祖敬亲是不相容的。佛教要在中国生根发芽，势需先解决此一问题。佛教所提倡的"一人出家，九族升天"，大概就是为了适应中国的儒家思想，之后，佛教便以鬼神方术之一，而逐渐被中国人接受。但是，在三国与西晋期间，佛教僧侣大都是外国人，到永嘉之乱以后，中国人才有出家为僧的。在南方，东晋明帝在位时（公元 322 年至公元 325 年），允许中国人出家为僧；在北方，由于佛图澄的建议，后赵建武元年（公元 335 年）准许汉人出家做和尚。从此以后，佛教深广传播于中国各地，成为中国人的宗教之一。外族的宗教一旦成为中国人的宗教，中国士大夫当然要求它能配合中国的社会传统，因此，当时的沙门强调僧侣应严守有如中国礼仪的戒律。严守戒律，是要僧侣以方外之民而处于世俗之外，但是，从东晋桓玄以后，曾一再要求沙门对王者敬礼。净土宗之祖庐山慧远反对沙门需向王者敬礼。因此，中国佛教经常需在王法之下才获承认，而且经常凭王者对佛教的好恶决定其存废，这是中国废佛事件常发生的原因。

佛教传入中国的初期，印度人或西域人翻译佛经大都不按印度佛教教义发展的顺序翻译，因此，大乘与小乘同被视为释迦牟尼的话语而为中国人所接受，丝毫不觉矛盾。但是，自从中国僧侣出现以后，对佛经的翻译开始反省，于是，对已经译成的佛经也着手加以整理，解释佛经的人也越来越多，而且还有人去撰述佛经。从这些中国人撰述的佛经很能看出中国人对印度佛教的解释与接受。

东晋的代表性僧侣是道安。他在佛制定的戒律之外，还制定了中国僧侣应遵守的僧侣规范，这表示佛教以适应中国的人与地的方式逐渐发展开来。道安制定的僧尼规范后来就成为禅宗的清规。此外，北方的佛教集团也以西域人鸠摩罗什（公元 344 年至公元 413 年）及其弟子僧肇为中心，逐渐繁荣兴盛。鸠摩罗什曾翻译许多佛经，如《阿弥陀经》、《法华经》、《维摩诘经》等。

佛教在当时的社会救济上也扮演了很重要的角色。

东晋时代的崇尚隐逸

从后汉末年开始，外戚跟宦官极其专横，政治腐败而混乱，根据儒家伦理建立的社会秩序已经逐渐崩溃。儒学者对这种情形一再地批判指责，希望政治能够恢复清明，因此清论、清议风行。魏晋时候的清谈就渊源于此。但是魏晋时代的清谈跟汉末的清议有点儿不同，它并不是根据儒家思想来立论的。当时的清谈大都根据老庄之学，脱离政治和儒家道德的束缚，自由纵谈，或沉醉于饮酒跟音乐，或优游山水享受人性的自由。这些清谈人士对政治、经济、道德这一类问题都不很关心，认为这些都不是高尚的生活，只有在无为自然的地方享受山水、诗歌跟浪漫的言谈才是最高尚的生活。

在魏晋这种轻视政治、社会不安定、从政常有生命危险的时代，出现了许多不食官禄，从政治、家庭逃脱而遁入山林，或优游乡间享受自己生活的隐士。晋朝历史上所记载的隐逸人士就将近四十人。

东晋时候，贵族的清谈中心是会稽，这里留下了许多有名的佳话。东晋书法大家王献之（王羲之的儿子）曾称赞会稽的自然美说："山水之美，使人应接不暇。"这里有许多豪族跟达官显要的别馆。隐士跟山林诗人也都喜欢在这里过着闲居生活。

东晋永和九年（公元 353 年）三月，王羲之、谢安等四十一位第一流的文士，聚集在会稽郊外的兰亭，咏诗饮酒作乐。周围是森林与竹子，前面是弯弯曲曲的水流，写意极了。与会的谢安也是江南第一流的名门贵族，过了四十岁才出来做宰相。做宰相之前，他寓居会稽，跟王羲之、许询与和尚支遁都有来往。他外出时，常携妓游山玩水。在家时就以诗文、清谈为乐，超脱世俗。他常坐在山中的石室，面对幽谷，悠然地叹息道："这样，才会接近伯夷的心境。"从这里很可以看出东晋贵族的生活情境。

东晋时，佛经里头的故事也成为清谈的主要项目。中国知识分子跟佛教僧侣也颇有来往。有许多僧侣也是清谈界的名士，譬如僧侣支遁就是当时最有名望、最受尊敬的清谈人士之一。他是佛学者，也是老庄学者，常在会稽跟谢安等一流名士游山玩水。他著有《即色论》，主张"色"（现象）就是"空"。他曾把这篇文章送给王坦之，请他指教。王坦之一言不发，支遁就借《论语》的话问："默而识之乎？"王坦之立刻回答："已经没有文殊菩萨，谁称赞呢？"佛经中的《维摩诘经》里有一段故事说，文殊菩萨敲着膝盖称赞维摩居士的"默"。王坦之就是借用这段故事来答复支遁的。六朝的知识分子都很喜欢把自己比作维摩或文殊，来享受清谈玄论之乐。《维摩诘经》受到当时贵族的欢迎，不是没有道理的。

有一次，会稽王主办《维摩诘经》的讲座，请许询担任"都讲"（就《维摩诘经》发问的人），支遁担任"讲师"（回答问题的人）。许询每问到艰涩的地方，大家都以为支遁一定答不出来，想不到支遁却答得非常巧妙。当大家认为许询没问题可问时，许询却提出了锋锐的问题。这次讲座风靡于当时许多名士之中。从这件事情可以看出东晋贵族是多么喜欢隐逸清谈。

建康与南朝文化

南北朝时期，南朝文化的重心在建康。建康是现在江苏省的南京，战国时代叫金陵邑。三国时代孙吴建都于此，叫建业。东晋跟南朝的宋、齐、梁、陈也建都此地，当时叫建康。南齐贵族文学的代表谢朓形容建康之美说："江南佳丽地，金陵帝王州。逶迤带绿水，迢递起朱楼。"唐朝的大诗人李白，认为建康曾经是六朝最繁华的地方，他说："地拥金陵势，城回江水流。当时百万户，夹道起朱楼。亡国生春草，王宫没古丘。空余后湖月，波上对瀛洲。"就像这些诗人所歌咏的一样，建康北依浩大而永恒的长江，山水都很美丽。当时的首都就在现在南京市的北半部。西北的钟山最高，以蒋山或紫金山闻名于世。梁武帝的大爱敬寺就在钟山下，是一所曾经供养一千位僧侣的华丽佛寺。

城北有覆舟山（龙舟山），城西有鸡笼山。覆舟山是王室乐游苑的所在地，是贵族文人最喜欢冶游的地方。鸡笼山是刘宋兴建儒馆的所在地。南齐永明年间，竟陵王曾在这里兴建广大的邸宅，是南朝的学术中心。

城南有秦淮河。秦淮河北岸有朱雀门，从这里可以直接通到城的南方正门——宣阳门。朱雀门跟宣阳门之间的马路种有槐树和柳树，两旁建有许多政府衙门。从宣阳门往北走，可以直达宫城的大司马门。

根据记载，南朝人民的户数至少有七十万到八十万。晋灭吴的时候，户数有五十二万三千户，官吏有三万三千人，兵员有二十五万人，男女人口有两百三十万人。刘宋大明八年（公元 464 年），户数有九十万六千八百七十，人口有四百六十八万五千五百人。户口数比三国孙吴末年大约增加两倍。南朝总人口的三分之一集中在扬州（首都建康在它的区域内）和南徐州（现在的镇江）。梁武帝的时候，建康城据说有二十八万户，人口有一百万，是当时的大城市。当时，贵族、僧侣、官吏、军人都不算在人口总数里。

南朝文化的重心在首都建康。推展文化的是那些喜欢华丽服饰，身体瘦弱，过着清游雅宴生活的贵族。他们都非常喜欢文学，譬如萧梁时代沈约的诗跟任昉的文章，便是贵族间互相传诵、很受欢迎的作品。贵族的言谈重心也都集中在文学作品上。

南朝刘宋的时候，曾在首都建康设儒家馆、玄学馆、史学馆、文学馆等四馆。南齐的"四学"是玄学、儒学、文学跟史学。玄学已经被放在儒学之上，居四学之首。玄学包括《老子》、《庄子》、《易经》跟佛家的《维摩诘经》、《般若经》。汉朝的时候，儒生只要精通一经，就可以得到人们的赞佩，甚或做经师。但是，在南朝，贵族必须兼通玄、儒、文、史四学，才能成为第一流的有学问的人。

南朝文化最兴盛的时期，是在梁武帝的时候。梁武帝自己就兼通四学。他对儒学的奖励也不遗余力。他曾在首都建康设儒学五馆，每馆有学生数百人，专习五经，通经的人可以补官。同时，还派博士到各地去奖励儒学。虽然这样，当时的贵族还是不喜欢儒学，也瞧不起博士。王室跟贵族子弟幼小的时候，虽然都在学校里修习儒学，但是长大成人以后，都走向文史，很少有人读完儒学的。贵族官吏中，精通儒学的，就必须兼通文史，否则就要被嘲弄取笑。

当时的高级官吏大都由贵族世家把持。这些贵族虽有很高的学养，但都不通实务，因此不得不任用一些"寒门之士"来主持政务。这是南朝政治的一大特色。

梁武帝与佛教

东晋和南朝的宋、齐都曾在建康附近营建寺庙。寺庙里有多层的佛塔、用壁画装饰的佛殿、异国传来的美术工艺，还经常在金塑佛像前面焚香奏乐、做法会。当时的贵族都很喜欢这样的气氛。由于佛教的盛行，佛教界也出现了许多有学问的僧侣。南朝贵族也常常聘请有学问、有德行的和尚做"家僧"，为家人讲授佛法，因此有许多寒门出身的才俊之士投身佛教界，借以出人头地。

到梁武帝的时候，佛教更盛行。梁武帝五十岁以后，信奉佛教简直到了入迷的程度。他戒除女色，吃素，衣食住都很简朴，而且勤于政事。甚至于为了守杀生戒，而废除了传统的祭祀。他还积极推展社会救济事业。又在宫城北边建同泰寺（现在的鸡鸣寺），在宫城后头辟大通门，以便跟同泰寺直接相通。六十四岁的时候，开大通门，入同泰寺，第一次"舍身"，成为佛、法、僧的"三宝之奴"。做了三宝的奴仆以后，他就成为同泰寺的所有物。因此，失去天子的王室跟臣僚，必须从同泰寺把天子赎回。要赎回天子，就需花费庞大的财物。梁武帝于三天后回宫，改年号为大通。大通三年（公元 529 年）六月，建康瘟疫流行，梁武帝替市民做大法会。九月再度舍身同泰寺，群臣出一万钱才赎回皇帝。十月改元中大通。

梁大同十二年（公元 546 年）四月，武帝又舍身同泰寺，太子跟臣僚把武帝赎回，改元中大同。第二年三月，武帝又舍身同泰寺，群臣出一万钱，想把武帝赎回，武帝不愿意。经过群臣一再恳请，武帝才回宫，改元太清。

梁武帝除了三番四次舍身佛寺之外，每年都要到同泰寺讲佛法、做法会，还时时赐田地给寺院。这样不仅无谓花费了国家大量的财物，皇帝也无法专心于政事，以致"侯景之乱"一起，梁朝就无法抵御，不久也就被平定侯景之乱的陈霸先给篡夺了。

后赵与佛图澄

　　后赵的石虎是一个非常暴虐豪奢的国王。但是，他非常信任西域来的僧侣佛图澄，不管军事上的事，还是私事，石虎都跟他商量。

　　佛图澄于西晋永嘉四年（公元310年）离开故乡龟兹到洛阳。第二年，永嘉之乱，胡人攻入洛阳，到处抢劫掠夺，洛阳百姓纷纷逃亡。佛图澄也躲藏在乡间。他看到胡人残虐，毁了无数生命，便以决死之心，挺身出来游说石勒部将，接着又去拜访石勒。佛图澄说他能够唱奇异咒文，随意驱使鬼神，擦油掌上，千里远的事都能清清楚楚地在掌上出现。他为了感化胡军，不讲佛教的高深哲理，只以预测的方式来赢取胡人们的尊重与信奉，使胡人稍微收敛了残暴的行为。当石勒盘踞襄国（河北南部），跟刘曜两分华北天下的时候，石勒已经是佛图澄的信徒，而且不让他离开自己的左右。刘曜率军攻洛阳，石勒要亲自出阵，群臣阻止。于是，石勒问佛图澄的意见。佛图澄摇着铃用羯语说："秀支替戾冈，仆谷劬秃当。"意思是说："如果亲自出阵，便可逮捕刘曜（仆谷）。"石勒果然听信他的话，亲自出阵，逮捕刘曜，统一了华北，公元330年，石勒自称赵天王（意为后赵的国王），都洛阳。佛图澄被奉为"大和上"，更得赵天王石勒的宠信。

　　石勒非常喜爱石虎的儿子。这孩子急病而逝，石勒要佛图澄帮忙。佛图澄拿着柳枝念咒，已经死去的孩子便醒转过来，病也好了。从此以后，石勒就下令把孩子寄养在佛寺里，每年四月八日佛诞的时候，亲自到佛寺灌佛，为孩子们祈福。

石勒死，太子弘即位。不久，石勒部将石虎废太子弘，迁都于邺。石虎篡位为赵天王后，对佛图澄更是信任。他曾下令说："和上是国之大宝，荣爵高禄都不肯接受。对荣禄所不及的和上，实在无法报答他的恩德。从今以后，和上可以穿绫锦，可以坐雕辇。和上到宫廷时，常侍以下官员抬轿，太子、王公为随从，百官都需起立，以表示对他的尊敬。大臣们需朝夕替我省问和上；太子、诸公必须每隔五日请安一次，以便替我向他表示敬意。"

在石虎的崇敬之下，佛图澄开始在各地建佛寺，从他出家为僧的也越来越多，佛教因而大盛。据《佛图澄传记》说，当时，有几十位名僧因景仰他，远从天竺、康居等地来邺；释道安等汉人高僧也在他门下，终于组成了北方的佛教集团。"受业佛图澄，而追随他的，经常有几百人。前后的门徒加起来将近一万。各处所建佛寺有八百九十二所。"这记载或许有些夸张，但由此也可看出佛教已经在华北逐渐传播开来。

四月八日佛诞日的时候，石虎命令制造的彩车也非常豪奢。彩车宽一丈多，纵两丈长，车上配以木像。彩车中间立着裸体的佛像，佛像上有九条龙。佛像前有举着手的僧侣，佛像四周有十多个木像。彩车一拉动，九龙便吐水灌佛；佛前的僧侣用水抚摩佛的胸部；周围的十多个和尚绕着佛像转动，到佛前就礼拜拈香入炉。彩车停止，车上的动作也停止。从这里也可以看出后赵佛教盛行的一斑。

法显到印度

　　法显是山西临汾人，幼时出家为僧，赴长安修习佛学。当时正是五胡乱华的时候，长安是姚秦的首都。

　　法显学佛的时候，觉得中国短少了戒律方面的佛教经典。于是有意赴佛教根源地印度求经。公元 399 年，他跟慧景、道整等五人一块从长安出发，经乾归国（西秦）、耨檀国（南凉），到了北凉的首都张掖。当时，中国境内小国林立。法显到张掖时，正好发生战争，无法到敦煌，他们只好在北凉国王段业的保护下，在北凉停留了一阵子。在这儿，他认识了同样想到印度求法的智严、宝云等五位僧侣。于是，他们结伴向敦煌行去。

　　从敦煌向西走，便入大戈壁沙漠。沙漠北边有天山山脉，南边有昆仑山脉，西边有帕米尔高原。这些山脉与高原所环绕的就是格里木盆地的中央部分。盆地的北、西与东部边缘有一连串的绿洲，南部从昆仑山脉流出的河口也散布着绿洲。这些绿洲连起来便成一条交通路线。盆地北边的路线是北路，南边的叫南路。路边都有人聚落而居，形成绿洲国家。当时，法显等人是从南路向西走，首先到了鄯善国，停留一个多月；然后再到西北的乌夷国（焉耆），在这儿，法显并没有受到很好的待遇。于是，他们越过大戈壁，向于阗国进发。途中没有人烟，约费一个多月，才到于阗。于阗的佛教非常兴盛，有数万僧侣，也有供行脚僧住宿的地方。法显从长安出发到于阗，已经费了两年的时光。但是，他为了在这里看四月的浴佛节与载佛像的彩车，停留了三个多月。

浴佛节过后，法显等人离开于阗，经子合国，进入葱岭，通过于麾、竭义，越过陀历国，进入了印度北部。法显等人越过葱岭费时一个月，越过陀历国需十五天，从沙漠的酷暑进入了冰寒积雪的帕米尔高原。进入印度以后，法显等开始周游印度各国。在这期间，慧达、宝云先回中国，慧应病死，慧景死于冰雪中。法显则到释迦的诞生地与入灭地采访，最后到了阿育王的都城华氏城。在这里，他积极地访问释迦的遗迹，研究佛教经典，约停留三年，终于学得有关戒律的佛典。于是，他告别准备定居印度的道整，到了狮子国（今斯里兰卡），住两年，才搭贸易船走上归途。经过九十多天的海上旅程，到耶婆提（据说是爪哇），停留五个多月，再搭船回国，终于到了山东的牢山。

从出发到回国，法显一共花了十三年的时光。他把这漫长旅程中的所闻记载在他的《佛国记》里。这本书也是东晋、南北朝时候的人所爱读的书。

释道安与鸠摩罗什

　　后赵时，佛教在石勒、石虎的保护下，大为兴盛。佛图澄被奉为"大和上"。在佛图澄的门下，也出现了汉人高僧释道安。释道安以前的中国佛教徒都以他们老师（都是外籍高僧）的国籍为姓，称为支（月支）某、帛（龟兹）某、竺（天竺）某等。但是，道安却自称姓释。他解释说："我们佛教徒都是释尊的弟子，所以可以同样姓释。"于是，他的门下也都姓释，此后，中国跟日本的和尚都称"释某"。从这里也可以看出，道安已经自觉是一个超越国境的佛教徒。道安以前佛教的领袖人物大都是外国人。现在，道安已集结许多中国修道者，组成了纯粹的华人佛教集团。

　　道安为了避免石虎死后中原的战乱，率领数百门下，辗转各地，终于来到了襄阳，并定居下来，还建檀溪寺。东晋皇帝与贵族及苻坚等华北胡族领袖捐赠了许多财物和佛教器具给檀溪寺。

　　襄阳的豪族中有位学者，名叫习凿齿，听说了檀溪寺道安的名声，便去拜访他。习凿齿自称"四海习凿齿"时，道安便回以"弥天释道安"。习凿齿看见道安率领的数百僧侣修行的情形，非常讶异，就写信给东晋宰相谢安："师弟数百人齐讲不倦，而不以奇异的道术炫人耳目，也不以庞大的势力威压他人。师徒们都肃然相敬相爱，这是我以前没有见过的修道团体。你不能亲眼目睹，实在太遗憾。"

　　襄阳地方官朱序也皈依了道安。公元379年，前秦军队陷洛阳，朱序跟道安都被俘虏，被带到长安，但苻坚很信任他们。道安门下的慧远南下庐山，建东林寺教团，深受东晋贵族军阀敬仰。

淝水之战，苻坚大败，统一的华北又告四分五裂。苻坚死后，长安为羌族的姚秦盘踞。不久，长安复归繁荣安定，佛教文化急速流入，加上姚秦的崇尚佛教，本是中国儒家文化中心的长安，已经完全变为外来佛教最兴盛的都市。其中心人物是曾翻译《法华经》、《三论》、《阿弥陀经》的鸠摩罗什。

鸠摩罗什是逃亡到龟兹国的印度贵族与龟兹国王之妹所生的儿子。当时，龟兹王家是热心的佛教信徒，鸠摩罗什的母亲是笃信的佛教徒，自为尼姑，也决心把自己孩子养育成一个杰出的宗教家，因而带着年轻的鸠摩罗什到印度西北的罽宾留学。在此修习小乘佛教的鸠摩罗什在回龟兹的途中，恰好遇上当时正在发展的大乘佛教，为其深邃哲理所倾倒，于是改信大乘，进而成为龟兹佛教界的大乘传道者，其名声还远播至长安。

苻坚曾派遣吕光征伐龟兹。吕光降龟兹后，就带着鸠摩罗什凯旋。这时，苻坚已败死，吕光于甘肃自立为后凉国王，鸠摩罗什也被羁留在后凉。在此，他并没有发挥自己的所长，却学会了中国话，懂得了中国习俗。公元401年，鸠摩罗什被迎至长安，受国师待遇，积极宣扬佛法，留下了许多成果。

他翻译佛典，曾得姚秦举国的支持，而且被看作姚秦的国家事业。天下的佛教学者都集中到长安来，连东晋庐山的慧远门下也到这里来学佛。翻译《法华经》时，有两千多位有学问的僧侣参加；翻译《维摩诘经》时，有一千两百多位僧侣参加，其盛况盖可想见。但是，姚秦的佛教化并非仅凭鸠摩罗什一个人的力量，赴印度求佛法的僧侣也扮演了非常重要的角色。譬如法显便是这时候到印度去求佛法的。也有一些僧侣到西域去学佛，不仅带回了许多佛典，还有许多外国僧侣跟他们一起到中国来宣扬佛法。总而言之，除鸠摩罗什以外，从事宣扬佛法与翻译佛典的僧侣也为数不少。

北魏建国与崔浩

公元 398 年，鲜卑族的拓跋珪率领胡人部队从蒙古阴山山脉向南进军，突破长城防线，占领山西省北半部分。接着又征服河北省一带，把丰富的战利品运到山西省北部的大同，并且在大同建立中国式的都城，名叫平城。拓跋珪在这里即皇帝位，这就是北魏道武帝。

北魏自道武帝以后，经明元帝跟太武帝，逐渐统一了华北一带。它的领土除内蒙古一带跟山西以外，还领有山东、河南、陕西、甘肃等地方。华北本来是中国农耕文化的根据地，胡族要统治这些地方，除非跟汉人合作，用军事力量是无法使汉人归服的。当时，跟北魏合作的汉人有清河望族崔宏。他是道武帝跟明元帝的政治顾问，被封为白马公。

明元帝不仅尊敬白马公，也重用他的长子崔浩。崔浩皮肤白皙，像女人一样漂亮，而且精通儒学，颇有才智。明元帝任命他为天子的师傅。明元帝重用汉人，使拓跋族的功臣非常不高兴。他们认为胡人用鲜血东征西讨，好不容易才征服汉人的土地，现在却用毫无战功、只懂笔墨的儒士来统治国家，真不合理。于是，这些胡人功臣就利用明元帝新逝，太武帝十六岁即位的机会，罢黜了明元帝宠信的崔浩。

崔浩下野后，隐居家中。他信奉道教，并且认为只有儒士才有资格统治孔孟之教盛行的地方；而现在，最有资格传布圣人之教的自己却被罢黜了，从外国传来的佛教反而盛行于世。在平城，四月八日佛诞节这一天，不仅胡人，连受孔孟之教的汉人，都"五体投地"地匍匐在佛舆跟外国僧侣的行列之前，使他非常不愉快。于是，他立志要毁灭佛教，并让圣人之教跟中国的道教重新在胡人统治下的华北扩展开来。

太武帝长大成人后，又任用崔浩，并且迎接道士寇谦之做国师。崔浩和寇谦之彼此互相欣赏，互相推崇。崔浩拜寇谦之做老师，寇谦之认为崔浩是精通古今治乱之迹，且智谋超群的政治家。在他们两人的全力支持下，太武帝终于统一了中国北方。

太武帝统一中国北方的功业开始于征伐陕西的赫连氏（国号夏）。太武帝在寇谦之跟崔浩的辅佐下，于北魏神麚元年（公元428年）灭夏。接着，又想去讨伐蒙古地方的柔然，群臣反对，只有崔浩跟寇谦之赞成（寇谦之是经过崔浩游说后才赞成的）。太武帝听从他们的意见，出兵征讨，获得大胜。于是太武帝更信任崔浩，任用他为宰相。接着，太武帝于北魏太延二年（公元436年）灭东北的北燕；太延五年（公元439年）灭甘肃的北凉，并把北凉官民三万户强制迁到大同。北凉本来是一个佛教国家，也是西域佛僧东来必须经过的地方。北凉灭亡后，北魏就可以和西域直接来往了。北凉官民被强迫迁到大同以后，佛教势力迅速在大同扩大。这对崔浩来说，实在是一件很不愉快的事。从这时候开始，崔浩便一步一步推展他的排佛政策。

北凉灭亡后，北魏已经统一了中国北方。在这以前，北魏对南朝的宋是采取友好政策的，彼此间经常有使节来往。到北魏统一中国北方，便开始攻击刘宋，势力达于淮河流域。太武帝命令崔浩编纂北魏建国的历史，崔浩就按照自己的理想编纂《国史》（北魏历史）。

太武帝灭北凉后的第二年（公元440年），改年号为太平真君。在此后三年，太武帝常常到寇谦之的道教神坛朝拜，表示自己愿意做道教皇帝。太平真君六年（公元445年），胡人盖吴在长安叛魏，自称"天台王"。各地胡人纷纷响应，民间也流传着"灭魏者吴"的谣言。太武帝获得这消息后，非常生气，于太平真君七年（公元 446 年），亲自率领军队，并且任命寇谦之跟崔浩为军事顾问，开始去征讨。北魏军一路上都遇到叛军抵抗，快到长安的时候，盖吴已经逃入山中了。这时候，有位替皇帝驾马的从者到一个寺院的麦田里去放马。因为他是皇帝的侍从，寺院和尚很客气地把他让到寺院里去，并且请他喝酒。这位侍从看到寺院内放有武器，把这个情况报告给了皇帝。皇帝认为这寺院可能跟敌人有关系，于是派人搜查，查出寺内有酿酒的器具，及官民奉献的上万钱财。在这之前，崔浩曾经一再劝请皇帝排佛，皇帝并没有认真去实行。等到这事件发生以后，太武帝才命令杀尽长安沙门（僧侣），毁弃长安的佛寺、佛像跟佛经，还命令全国模仿长安毁灭佛教。崔浩的理想是排斥佛教，使北魏成为一个没有佛教的儒家国家。到这时，他的理想已经逐步完成了。他凯旋以后，就任命河北各省的几十位儒士担任郡守，并且把他领导编纂的《国史》呈献给皇帝。他选任的汉人官吏想把这部魏史刻在石头上，立于首都街道，来显耀崔浩的功绩。但是，这部魏史对拓跋族的祖先生活含有侮蔑成分，让太武帝非常生气。于是，在太平真君十一年（公元 450 年），宰相崔浩及其臣僚一百二十八人被处死。这时，崔浩已经七十岁了。清河崔氏和那些跟崔浩有亲戚关系的人也都被杀害。北魏正平二年（公元 452 年），太武帝也被宦官宗爱杀害。

北魏孝文帝的"华化"

北魏太武帝统一中国北方以后，经文成帝、献文帝跟孝文帝，而逐渐走上"华化"的路线。文成帝死后，北魏政权落入汉人冯太后之手。献文帝和孝文帝初期都由冯太后摄政。在她掌权期间，北魏已经逐渐汉化。她首先定俸禄官给制，扬弃胡人官无薪俸的制度。接着又实施邻、里、党的三长制，负责地方的全部责任。又实施均田制，凡丁年的男女，甚至奴婢，都授给一定数目的耕地，然后征课赋税，使北魏的财政得以充实。同时还奖励农业，让游牧的胡人逐渐定居，从事农耕，而与汉人混同居住。北魏太和十四年（公元490年），冯太后去世，孝文帝亲政，北魏的汉化已具雏形。

孝文帝在冯太后的教育下，对儒家的理想非常景仰。但是，首都平城（大同）跟胡地连接，要胡人完全扬弃胡俗，融合于汉人的儒家文化中，非常困难。于是，这位醉心中国文化的胡人皇帝就决心迁都洛阳。但是，这样难免要受到拓跋族人的激烈反对，所以他借口征伐南齐，于太和十七年（公元493年）八月亲自率领三十多万大军从平城出发到洛阳。第二年回平城，经过一番努力之后，十月正式从平城出发，迁都洛阳。

孝文帝迁都洛阳以后，就积极推行汉化政策。首先命令移居洛阳的胡人都以洛阳为本籍，死后不得归葬北方故乡；并且改胡姓为汉姓，王室都改元姓；禁止使用鲜卑语，一概用汉语，若在朝廷用鲜卑语，就要被罢官，三十岁以下的官吏都要学汉话；同时，在洛阳设国子学、太学等，令胡人子弟入学，学儒学；禁止穿胡服，并以汉服做朝廷的服饰。另外，还根据汉礼，禁止胡人同姓结婚，奖励胡汉通婚。

孝文帝推行汉化政策是很热心的。年轻的皇太子因为受不了洛阳的酷热，想轻骑奔回平城。孝文帝知道后，非常生气地说："古人有言大义灭亲，现在如果不这样做，就会成为国家的大患。"于是废太子为庶民，过不久就把他毒杀。在孝文帝狂热推行汉化政策之下，北魏已经逐渐成为一个文明国家，首都洛阳也恢复了以前的光彩，从胡人蹂躏过后的废墟中，建设起政治、经济和文化的中心，成为世界各国人种跟文物汇集的世界都市。在洛水南岸、伊水西侧的地方设有"四夷馆"："金陵馆"是南朝人来归的居住地，"燕然馆"是北方夷人来归的居住地，"扶桑馆"是东方夷人来归的居住地，"崦嵫馆"是西方夷人来归的居住地。如果这些"夷人"三年之内愿意归化，就赐给他们房地，让他们住在四夷馆附近的"归正里"、"归德里"、"慕化里"跟"慕义里"。洛阳繁荣以后，胡人的生活也就逐渐走向奢侈浮华的生活，跟大同地区的胡人生活成为一个很明显的对比。

孝文帝营建洛阳的时候，曾经严禁富豪竞富，官民分地居住，不许歌伎混居其中。佛寺则只许内城一个寺院，外城一个尼姑庵，其余都需建在城郭之外。可是，当天下财富逐渐聚集在洛阳的时候，孝文帝的这些规章就守不住了。尤其自朝廷在洛阳城内兴建第三座佛寺，破坏所定规章以后，王族、贵族跟士庶便相继兴建佛寺。自北魏迁都洛阳以来，仅四十年之间，洛阳城内外的佛寺已有一千三百多座，城内也耸立着豪华的佛殿高塔。

云冈大佛与龙门石窟

中国北部是中亚的入口。公元366年，华僧乐尊开始在敦煌建石窟，塑佛像。到北魏时期，由于北魏朝廷想利用佛教做统治手段，开始大量建石窟。平城时代北魏的最伟大佛教艺术是云冈石窟及其佛像。文成帝和平初年（公元460年），石窟在高僧昙曜监督下开始建造。起初只造五窟，一般称"昙曜五窟"。后来继续发展下去，石窟数目非常多。

昙曜本来是北凉高僧，极受北凉朝野敬重。北凉被北魏灭亡后，昙曜变成北魏俘虏，但在北魏的首都平城却深受各方敬爱，皈依的人非常多。太武帝废佛毁释时，他逃到河北山中隐匿起来。太武帝去世后，北魏重振佛教，昙曜被邀归都，担任"沙门统"（掌管佛教业务的首长），负责复兴佛教。虽然在他的指导下建了许多佛寺、佛像，但是，受过废佛毁释威胁的昙曜，知道这些佛寺、佛像只要再经过一次废佛毁释就会全毁。因此，他苦思积虑地筹划建造一些不易毁坏的佛寺或佛像。他想起了北凉的大石佛与石窟寺院，这些石窟与佛像即使遭遇到再度的废佛毁释，也必能无恙。因此，他决定在山崖建石窟。他又觉得佛像要是能够以北魏皇帝为模特雕塑，只要北魏不亡，北魏国民必定不会加以破坏。他拟定腹案后，便进一步去寻找建石窟的理想场所。石窟一定不能建造在深山里头，这样不会有人来参拜。最后，他决定把石窟建于首都平城西方的武州塞。从首都到这里，骑马只需半天的行程。从首都平城到拓跋族的根据地盛乐，必须经过这地方。当拓跋族人从盛乐到平城，或从平城到盛乐，都可以在这里休息，瞻仰自己皇帝的大佛像。昙曜主意打定以后，就向当时热心复兴佛教的文成帝建议说："我想在京城西方的武州塞凿山壁，开五窟，以铸造佛像各一，高七十尺，或高六十尺。"文成帝答应后，他便开始铸造以道武帝、明元帝、太武帝、景穆帝、文成帝为模特的大石佛像。这些佛像雕于武州塞的石壁上，面对着武州川。石窟寺院的建造一直持续下去，石窟壁上浮雕着许多有关佛教的故事，如佛陀传说，维摩居士说法等。这些壁画混杂着古希腊、古罗马、波斯、古印度、西域、中原地区等式样，一般称为云冈石窟。

北魏孝文帝迁都洛阳后，由于平城上下都非常礼赞、仰慕云冈石窟，为了让他们能够安心定居洛阳，便决定把云冈石窟的形式原原本本地搬到新都洛阳。石窟设立的地点拟定在洛阳城南方的龙门山壁。龙门最古的石窟叫做古阳洞，洞壁上留下了许多公元500年前后皇室诸王出资所造的佛像。宣武帝即位后，于公元500年下令："按旧都灵岩寺（云冈石窟）的样子，于洛南伊阙山（龙门）为高祖（父皇孝文帝）与文昭皇太后（母）造石窟二所……高三百一十尺。"但龙门岩质极为坚硬，工程不易进行。于是改变计划，更换场所，缩小石窟，高一百尺，南北一百四十尺。另为宣武帝新开一窟，共三窟，以之作为朝廷的事业。从公元500年开工以来，直到公元523年才完工，共费二十三年，投入的劳力达八十万人。这龙门三窟被推定为现在的宾阳中洞及其左右二洞。

三窟完成后，贵族与庶民仍然继续在龙门造石窟、造佛像，直到北魏灭亡。龙门石窟大小合计共有两千三百余窟，一部分是北魏时兴建的，一部分是隋唐和其他朝代造的。

宣武帝初造的宾阳中洞，内部极为壮丽，石灰岩的石质适于致密的雕刻，因此，龙门雕像很多连细节都能表现出来。宾阳中洞内的释迦像、侍者像、罗汉像都充满了威严，完全是中国式的雕像了。

北魏时代的洛阳

从三国时代到南北朝，在北方都市中，最繁荣的是洛阳。洛阳本来是后汉的首都，但是，到后汉末期，因战火而遭受极度的破坏。三国魏建都于此，开始修筑宫殿城郭。魏明帝时，更着意修整，在洛阳西北端新建金墉城；东边，沿着北城，建立极其豪华的庭院，名叫芳林园。晋承魏后，依然以洛阳为首都，但是，仅仅三十多年便遭遇"八王之乱"，接着又发生"永嘉之乱"，洛阳又受到极度破坏。

荒废的洛阳经过了将近两百年才得到复兴。复兴洛阳的并不是汉族，而是游牧的鲜卑族。鲜卑拓跋氏建国之初，以平城为都。北魏孝文帝于公元493年大举南下，迁都洛阳，以之作为统治中国的根据地。从这一年起，他积极营建洛阳，除恢复魏晋旧观，还于城外建立大城郭，东西二十里，南北十五里。

洛阳为北魏首都，虽然只有四十年，但是，它的繁荣已经详细地记载在杨衒之的《洛阳伽蓝记》上。洛阳盛时的户数达十万九千多户。城郭内，除宫殿官衙之外，只一里四方的坊，就有两百三十（或三百三十）多。佛寺更是惊人，有一千三百六十七所。《洛阳伽蓝记》便是记述这些寺院之盛况的。城郭西边有叫作"大市"的市场，是洛阳的经济中心。大市周围八里，附近数坊为工艺、酿酒等各类商店所占，极其热闹。出宣阳门到洛水桥一带是西域人居住的地方，有西域人建的佛寺，也有他们贩卖货物的商店。

公元528年尔朱荣入洛阳城之后，洛阳的繁荣立刻衰退。过了不久，北魏分裂为东魏与西魏，各迁都于邺跟长安。

隋文帝的施政

　　隋文帝杨坚是北周宣帝的岳父。杨坚父亲是北周的开国功臣。他因父功，且是宣帝岳父，权势遂日渐扩大。宣帝在位一年后，让位给年幼的静帝，自己却沉溺于酒色游乐，国政日非。宣帝死后，实权归于外戚杨坚，经过禅让闹剧，杨坚成为隋朝的开国君主。杨坚即位后，首先颁布复兴佛道二教的诏书；接着，由于长安过于贫瘠，就在它的东南方另建整齐划一的新都，仍名长安。这新的长安，由唐朝承继，而成为当时的世界文化中心。

　　隋文帝定都新长安后，着手改革北朝弊政，集权中央，并安抚百姓以收民心，颇著成效。他自己生活也过得俭朴，地方官长送来的昂贵绢类织品，他都当着群臣的面烧掉，以戒奢侈，奖励官民厉行节约。《隋书》说："文帝治世，男人不穿绢织品，不用金玉饰物，以木棉为常服，服饰用铜铁骨角。"

　　文帝还废郡，行州县制，以更新地方行政，并废除魏晋以来的九品中正制，以才干为任用标准，把官吏收归吏部管辖，以得中央集权之实。重视户口调查，以制止人民逃税。承继北魏孝文帝以来的均田制，男女到丁年都给予一定土地，使国家没有无田之民；并减轻人民租税，让他们乐于定居土地上，以增加生产。文帝还把官牛五千头分赐贫农，卖长安旧城北周所储存的米，买牛、驴六千多头分给贫农。于是，登记在政府名册上的户口跟土地都增加了，生产量也增加了。

隋初，各州经山西、河南运送纳税物资到长安的车船不绝于途，达数月之久。

由于国力的逐渐充实，隋朝终于灭了南方的陈，使长久以来南北分裂的局面复归于一统，间接替大唐帝国奠下了基础。

杨隋时代的佛教

　　自从北周武帝废佛以后，华北地区的佛教大为衰落。人民的精神也因此丧失了宗教的凭借，要求复兴佛教的声潮此起彼落。隋文帝建国以后，就开始振兴佛教。文帝在位二十四年，已把首都长安建设为一个佛教中心地。在这二十四年之间，全国共有佛寺 3792 所，僧尼23 万人，写经 46 藏、132086 卷，新铸佛像 106580 尊，所修旧佛像1508094 尊。佛教兴盛的状况由此可以看出。

　　文帝建立新都长安的时候，在长安城里建立了大兴善寺作为国寺。隋、唐两代都曾聘请国内外的名僧住在这所寺院里译佛经，讲佛法。此外，文帝还劝导全国州县设寺庵各一所。新长安城也在开皇三年（公元 583 年）设立两县寺。长安以中央的朱雀大路为基准，分为大兴、长安两个县，朱雀大路东边的大兴县设禅林寺，西边的长安县设宝国寺，作为县立的寺院。同一年，文帝下诏书，允许人民随意建立佛寺。因此，在隋文帝去世以前，长安的佛寺，今日还可以知道寺名的，就有五十二所，而道教的观却只有七所。其中，文帝建立的佛寺有十所，皇后建立的有四所，诸王（包括后来的隋炀帝）与公主建立的有九所。在隋朝末年，今日还能知其名称的寺观，佛寺有一百一十所，道观只十所。

　　开皇十三年（公元 593 年），文帝命令全国地方官把北周时损坏的佛像送到附近的佛寺去修整，同时还要全国百姓每人捐款一文，作为修整佛寺的基金。文帝跟皇后各捐绢十二万匹，王公到百姓所捐的款额达一百万钱。文帝晚年又颁诏书，凡是毁盗佛像或神像的，一律处以极刑。

仁寿元年（公元601年）六月，文帝生日的时候，曾经颁发两道诏书，一道是命令缩小或废除中央的国子学和地方的州县学，一道是宣布把朝廷秘传的佛祖舍利颁给三十州，选择风景美丽的地方建立收藏舍利的塔婆。此后，文帝还一再追加舍利塔兴建的数目。总之，隋文帝到中晚年，除皈依佛教之外，还压制儒学，企图使中国成为佛教国家。

这种政策到隋炀帝的时候就被变更过来。炀帝又以儒学治国，恢复了儒学的传统地位。但是，他对佛教并不压制，还聘请外国僧侣在洛阳从事佛经翻译工作。对隋炀帝来说，佛教跟道教都是表示皇帝崇高伟大的装饰品，因此，他南游江都的时候，曾经命令僧侣、尼姑跟道士分乘舟船随行，以为点缀。

随文帝还有意创造佛教教派。他曾经从全国选择六个高僧，这些高僧在地方上本来就有数百门下，而且组成了教派。文帝要他们率领门下到长安，并且奉为"六大德"，给予特别的待遇，来宣传他们教派的理论。于是，各地的佛教教团都集中到首都。边裔国家的僧侣也纷纷到长安从学。文帝还进一步选用精通《涅槃经》、《华严经》或《大智度论》等的学问僧二十五人做二十五"众主"，讲述他们的教理，于是长安成为东亚的佛学中心，佛教的宗派也因此逐渐成立。

南北朝时代，佛教的势力非常壮大，但是当时的中国人只心仪于寺塔的壮丽、佛和菩萨的雕刻跟绘画的美，以及佛教音乐和仪礼的豪华庄严。有的知识分子对佛典中的文学跟哲学成分感兴趣，因而利用它作为清谈的资料，或作为研究和注释的对象。经过北周武帝废佛以后，中国人开始对以前的佛教加以反省，因而逐渐走上实践的路子，于是有中国式的佛教（禅宗跟净土宗）出现。

杨隋家庭的悲剧

隋文帝误信妒妇小人的话，废去宽厚的太子杨勇，改立了聪明诡诈的杨广，结果使杨家几乎遭到灭门的惨剧。不久，"江都之乱"发生，杨广仓皇遇害，陈稜费尽艰辛，才求得他的尸体，草草收葬在扬州西北的雷塘荒地之下。隋朝这一个繁华的时代，也就这样草草结束了。

隋文帝有五个儿子，太子杨勇，次子杨广，三子杨俊，四子杨秀，五子杨谅，都是独孤皇后所生。因此，隋文帝曾经暗暗自喜，以为将来一定不会有嫡庶相争的烦恼。

太子杨勇，宽厚好学，但是有点率性天真，姬妾很多。杨广比起太子，显得聪明而有才气，风姿也十分优美，而且城府深沉。

杨广很早就知道文帝不喜欢浮华，因此他故意扯断乐弦，上面厚厚地撒上尘埃；又把心爱的姬妾都安置在别的房子里，外表一切装作俭朴的模样，好使文帝以为他不好声色。

开皇九年（公元 589 年），杨广领兵扫灭了江南的金陵王朝——陈国，立下了赫赫之功。朝廷中的宿将名臣，也大多是他平陈的部下。杨广趁机暗中结交宇文述、杨素、张衡等人，想发动夺取太子地位的阴谋。

隋平江南以后，杨广奉命驻在扬州（江都），以镇守南方。有一次，杨广回朝，将回扬州的时候，他忽然伏在独孤皇后的脚下，哭了，他说他实在不愿意远离母亲。皇后听了，对他更为怜惜。后来，独孤皇后就和文帝商议，想废去太子杨勇，改立杨广。

杨勇知道杨广的野心，心中十分忧愁，于是在宫廷的后园筑了一个小村子，房舍十分简陋，常常卧在里面歇息。他想借此挽回文帝对他失去的信心。

文帝知道了这件事，就派杨素去察访太子的动静。可是杨素是杨广的心腹，他乘机中伤太子，说杨勇常有怨言，恐怕会叛变。

开皇二十年（公元600年）十月，文帝下令召见杨勇。杨勇大惊，对他的家臣说："是不是要杀我？"

杨勇来到武德殿上，只见文帝戎服陈兵，百官严肃，心中更害怕。一会儿，薛道衡奉令宣读诏书，声明废去太子。杨勇伏地而泣。朝臣多知太子受屈，但是在文帝盛怒之下，众人虽同情太子，都无一人敢为太子申冤。

太子被废以后，文帝召见东宫官属，严厉斥责他们没有尽到教导太子的责任。群臣默无一言，只有太子洗马愤然替太子抗辩说："教导太子的家臣选择不当，他们只知陪着太子玩耍，使正人君子无从接近，这是陛下的过失，不是太子的过失。"文帝听了，暗暗心惊。

不久，杨广终于被立为太子，杨勇被囚禁在东宫，由杨广派人监视。杨勇自以蒙冤不白，常升树大叫，希望文帝能听见他的叫声，但是杨勇最后呼冤的叫声，还是被杨广遏止了。

仁寿四年（公元604年）七月，文帝病重，卧在寝殿。宣华夫人仓皇跑来，对文帝说："太子不讲礼。"文帝大怒，才知道杨广实在不可靠，急命侍疾在旁的人去通知柳述和元严，要他们去召回杨勇。但杨广很快就知道了这消息，立刻派人囚禁柳述、元严。又派卫士扮作妇女侍卫在文帝寝殿四周，严禁宫人出入。然后命令张衡和杨素入视文帝的病情。张、杨等人进入病室以后，宫人都被遣走，接着文帝就断气了。宫人闻知变故，都相对失色。后来杨广要杀张衡，张衡大叫说："我为人家做过什么样的事，难道我这种人还敢希望久活吗？"言外之意不难推知。赵毅的《大业略记》说文帝是暴病而死的，也是不愿意明白说出来。

杨广即位以后，深恐杨勇会叛变，就借故把他杀了。接着，杨谅在并州叛变，也被炀帝（杨广）囚禁而死。

炀帝眷恋江都风物繁华，为此他开了三条运河，直达江都，沿途种了柳树。然后，他坐着华丽的龙舟，三游江南。他又在洛阳建造很多宫殿花园，并且很荒唐地向天下广征萤火虫，在秋天的晚上，把萤火虫都放在花园山谷里。他又三次东征高丽，弄得百姓逃亡，天下骚动，使他留在江都不敢回长安。最后，他在江都的部下因为想要回家，就把炀帝缢死了。

杨家父子六人，除了杨俊是病死之外，其余都不得好死。而炀帝具有文人的性格，又深受南朝人的影响，好色浮华，终于因此结束了他的一生。晚唐诗家李商隐曾写过一首《隋宫》，沉痛地讽刺隋炀帝。他说：

紫泉宫殿锁烟霞，欲取芜城作帝家。
玉玺不缘归日角，锦帆应是到天涯。
于今腐草无萤火，终古垂杨有暮鸦。
地下若逢陈后主，岂宜重问后庭花。

今天，如果我们看到黄昏时那蹲在隋堤树上的乌鸦，想到那荒唐的隋炀帝，恐怕仍会生发许多寂寥的感慨吧！

唐初的政治

隋炀帝开凿运河，游江南，东征高句丽，加上佞臣竞相压榨老百姓，取悦炀帝，而导致国内人民生活的困苦。于是，隋民纷纷铤而走险，反叛隋室，国内发生了大叛乱。就在这种状况下，隋亡唐兴。

唐代隋而有天下后，由于隋朝的压榨与战乱，土地荒废，人口锐减。"黄河之地，千里无烟；江淮之间，遍地青草"，"万户城郭空虚，千里之间烟火断绝"，可见当时中国境内荒废的情形。唐高祖（公元618年至公元626年）时，全国户数只有两百多万，太宗初期不足三百万户，比隋朝时的八百九十万户约减少三分之二。太宗贞观六年（公元632年），洛阳以东地区据说依然"苍茫千里，人烟断绝，鸡犬不闻，道路萧条，交通极其艰难"。

中国是以农立国的国家。要国家兴盛，必须先恢复农业生产。唐初户口散亡，要恢复生产，使人民得以安居乐业，首先就需实行农业政策。这就是唐高祖武德七年（公元624年）颁布的"均田令"。均田制始于户籍的整理。男女一生下来就称为"黄"，到四岁，叫"小"，到十六岁，就称为"中"，到二十一岁叫"丁"，六十岁称为"老"。户籍需载明每家黄、小、中、丁、老的口数，三年整理一次。

男子十八岁以上授田一顷（百亩），其中八十亩称为"口分田"，死后还官；余二十亩为"永业田"，种榆、枣、桑之类，得传于子孙。所授之田，不许买卖。但是，贫穷无法拿出丧葬费的时候，可以卖永业田。从土地少、人口多的地方（狭乡）移到土地多、人口少的地方（宽乡）的时候，可以卖口分田。老人与废疾者给田四十亩，丧夫的妻妾给田三十亩，其中二十亩为永业田。王族与官僚按阶层高低授田。亲王大抵授永业田百顷，一品官六十顷，八、九品官两顷。受田的农民需负"租"、"庸"、"调"的义务。"租"是每丁每年纳粟二石；"庸"是每丁每年服役二十天，否则需纳绢以替代，每天折合绢三尺。"调"是每丁每年需纳其地生产的绫绢各两丈，绵三两；纳布时，则需纳布二丈五尺、麻三斤。有事时，若增役五天，可免"调"；二十天，"租"与"调"全免。"役"不得过五十天。

这均田制是承继北魏、隋而来的，并曾加以修正。隋朝的奴婢也给田，唐朝则不给田。这是因为隋末战乱，有许多奴婢已脱离奴婢身份而独立。因此，唐初的残余奴婢在农业生产上已经不像隋朝那样重要了。可是，当唐代社会逐渐安定，工商业逐渐发展的时候，王侯、官吏、富商等兼并土地的情况越来越厉害，因此作为劳力的奴婢数目就越来越多了。

均田法付诸实施而有其实际效果，当在太宗"贞观之治"以后，到中唐以后便崩溃了。总之，均田制的实施，对唐朝生产力的恢复具有莫大作用。日本留学生也曾把这制度带回日本，导生了日本的"大化改新"。

唐太宗继位后，就从儒家的立场推行政治。太宗曾助高祖创业，因此对国家的兴亡有极深的感受，他认为：帝王必须凭借人民才能存在，帝王一个人的骄奢会吸尽万民的生血；后宫的混乱便是王室灭亡的本源。因此，他说："榨民奉君就等于割自己的肉来喂自己的肚子。肚饱身倒，君富国亡。"

在这种自肃自戒的状况下，太宗首先解散宫女三千人，让她们各自回家。当时，辅佐太宗执政的有魏徵、房玄龄、杜如晦等。贞观元年（公元627年），关中饥馑，人民卖子为奴。第二年，太宗巡视关中，拿出皇室的钱款赎回卖身的男女，令其归母家。当时还一连发生蝗灾、风灾、水灾，于是，唐太宗仿隋文帝所设的社仓，令全国州县置"义仓"，每亩地需纳粟二升为义仓米；无田地的商人则按财富等级出义仓米。这些义仓米是防灾用的。

在唐太宗的施政下，唐朝不仅恢复了中国的农业生产力，也奠下以后唐朝富强的基础。

唐初的后宫

唐太宗即位后，曾经解放宫女三千。他自己也有一位贤惠的妻子长孙皇后。

长孙皇后是唐朝开国功臣长孙无忌的妹妹。长孙家并非汉人，而是建立北魏的鲜卑拓跋氏。隋唐的王室大都混有胡人的血统。长孙皇后是一个与唐太宗李世民同甘共苦的贤妻。太宗即位后，便立她做皇后。但是，她是一个颇有妇德的谨慎的人。太宗偶尔问她天下事，她却逃避地回答道："牝鸡司晨，是家祸之源。"不过，每当太宗生气欲罪臣下的时候，她却着意去缓和太宗的怒气，替臣下维护。

皇后三十六岁时生病，有人劝太宗大赦天下，度僧祝福，皇后却拒绝了。她认为大赦是国家的大事，佛教是异教，不应为私人而为。临终时，她劝太宗纳忠言，远谗诬，少游猎，葬礼应尽量简略。

她曾收集古时妇女的嘉言善行，编成《女则》，亲自作序并加以批评。但是，她认为妇女的著述没有条理，不想让皇帝看到，把它藏了起来。后来太宗看到后，认为"足以警戒后代"。皇后去世后第二年，太宗纳山西武氏的十四岁美女（即其后的武则天）入后宫。武氏在太宗逝后入感业寺为尼。高宗即位后，又把她迎入后宫，为高宗生下一个女儿。高宗皇后来探望后，武氏杀了自己的女儿，然后盖在被里，诬赖是皇后所杀，于是更得宠。不久，高宗终于废后为庶人，而立武氏为后。有一次，高宗去探望废后，被武氏知道了。武氏大怒，杖打废后，断其手脚，弃于酒槽。高宗患风眩，武后代理政务，公元674年，以高宗为天皇，武后为天后，并称"二圣"。高宗逝后，武氏于公元690年废睿宗称帝。

唐玄宗与姚崇、宋璟

　　唐玄宗名隆基，垂拱元年（公元685年）八月生，睿宗第三子，太宗曾孙，高宗与武则天之孙。他生时正是武后废中宗、立睿宗（中宗弟）的时候。按唐制，皇子都可以获得王的地位。隆基三岁为楚王，七岁得许率属僚谒见天子。这时，武后族人武懿宗妒忌隆基的谒见行列，想侮辱他的从属。于是隆基斥责武懿宗说："在我家的宫殿，像你这样的人还有资格来骂我的部属吗？"当时，他的父亲睿宗已被废黜，武后自即帝位，在这种状况下，他还敢如此，的确可说相当勇敢。但是，武后听到这消息后，反而越来越宠爱隆基。虽然如此，他的少年时代并不是过得很惬意，因为父亲失意，母亲窦氏又被武后所杀，兄弟们都被降为郡王，他自己也被降做临淄郡王，而且曾经一度被幽禁在宫城内。

　　这个勇敢的年轻人推翻武后后，不久即受父亲睿宗让位而登上皇位。玄宗李隆基登基后，决意净化政治，恢复国力。开元二年（公元714年），他开始整顿官僚机构，除去武后时代不必要的官职。武后跟亲贵们因信奉佛教，曾经广建寺院，僧侣人数激增。僧侣又有免税特权，因而为了逃避国家的税收，富豪跟懒人都竞相为僧，名义上的僧侣所在多是。僧侣增加，农民的负担加重，姚崇对玄宗说："以前，佛图澄跟鸠摩罗什都是高僧，仍然无法拯救其国；梁武帝信奉佛教，依然无法免祸。让人民安居乐业，才可说是佛之道。"玄宗采纳姚崇的意见，令全国逃税的僧侣还俗，其数达一万二千人之多。此外，玄宗还严禁华丽的服饰，率先把天子的物品充当军费，并于殿前焚毁昂贵的衣裳，命令长安两座高级纺织厂关闭。

扶助玄宗的宰相中，名臣辈出。最有名的就是姚崇跟宋璟。玄宗即位后不久（先天二年，公元773年），于渭水之滨的狩猎场召见姚崇。当玄宗要他担任宰相的时候，他向玄宗提出了十个条件：行宽大的政治，远外戚宦官，不建道观佛寺，等等。只要其中一条不被接受，他就不愿担任宰相之职。于是，玄宗答应按照他所提的条件施政，他也承诺担任宰相职务。

姚崇是个脑筋动得很快的人。处理政务迅速恰当，同僚莫不敬佩。开元四年，他因亲信部属的贪污而致仕，改由宋璟担当政务。

宋璟是一个受人尊敬的政治家，武后时已当宰相。他生性正直，对当时混乱的政治着意予以纠正。当时，官吏们都不以官名称呼得武后宠信的张易之兄弟，反以奴婢称呼主人时所用的五郎、六郎称呼他们，只有宋璟除外。于是有人问他："你为什么把五郎称作卿？"宋璟答道："对官吏当然要称卿。我又不是他的奴婢，为什么要叫他五郎。"中宗时，宋璟颇受重用，但是太平公主不喜欢他，因而被下放，辗转担任各州长官。玄宗亲政才复归中央，在人事跟财政方面有卓越表现。他继姚崇之后担任宰相，到开元八年才罢相职。姚崇跟宋璟两人与太宗时期的房玄龄、杜如晦一样，都被后世称为唐代的贤相。

姚崇、宋璟以后的宰相都很凡庸，只有韩休一人时时劝诫天子。宴会若稍微过度，玄宗就会问近臣："韩休是否知道？"曾有一个近臣对玄宗说："韩休做宰相以后，陛下瘦多了。"玄宗回说："我瘦，天下肥！"

之后，唐玄宗逐渐荒怠，政治也日非。到天宝年间，唐朝政治乃大坏，终于引发了安禄山之变。

平淮西

——唐宪宗的中兴伟业

自"安史之乱"以后，北方变成了胡化藩镇的天下，大唐帝国开始进入风雨分崩的局面。到了唐宪宗在位时期（公元 805 年至公元 820 年），宰相杜黄裳力主强硬对付抗命中央的那些藩镇。于是宪宗也下定决心，誓雪前朝的耻辱。从元和元年（公元 806 年）开始，十多年间，他不断发兵进攻西川、镇海、淮西及河北诸镇，使他们重新归顺中央，历史上称之为"元和中兴"。

唐宪宗对藩镇用兵，其中最艰苦的一役，就是平淮西之战。唐室调集了十六镇的兵力，费了三年多的时间，才把它平服。

淮西节度使本为李忠臣（原名董秦），后李希烈将其逐走，自任节度使。代宗为了安抚李希烈，只好默认。其后，淮西将领吴少诚、吴少阳等镇守淮、蔡地区，也都分裂山河，专横不法。淮西地区经过这些叛将的长期割据，跟中央日渐疏远，变成了黄河南岸的高度胡化地区。

吴少阳死后，其子吴元济自领淮西军务。元和十年（公元 815 年），吴元济纵兵杀掠，侵及东都洛阳附近，唐室派遣了宣武等十六镇的兵力前往讨伐。吴元济向成德节度使王承宗及淄青节度使李师道求援。朝廷中的主和派主张安抚吴元济，只有宰相武元衡及御史中丞裴度力主以武力解决。

唐宪宗对吴元济决心打到底。当时主战派的领袖李吉甫已死，因此讨淮西的战事就由武元衡主持。但就在这时，王承宗和李师道暗中派遣了侠客暗杀武元衡和裴度。武元衡在上朝的途中被射杀于长安城南靖安坊的东门，连头颅都被取去了。接着这批刺客又到通化坊重创裴度，裴度身中三剑，一剑伤在头部，从马背上跌落到水沟中。刺客以为裴度已死，匆忙逃去。幸亏裴度头上的毡帽很厚，剑伤不足致命。但这件事传出之后，立刻震动了长安城。

武元衡死后，宪宗便以裴度为相，继续主持讨伐淮西的军事计划。

元和十二年（公元817年），唐室又派遣李愬出代连战皆败的唐邓节度使高霞寓。李愬是讨伐吐蕃的名将李晟之子，极善用兵。他来到唐州之后，见军中甚为畏惧吴元济，便借机故意示敌以怯，私下与心腹诸将商议对策，并且暗中向朝廷请兵援助，然后用计连擒淮西勇将丁士良、陈光洽、李祐等人，并委以重任，刺探敌情。这些人都被李愬的义气所感，不复反叛。唐邓军士气大振，然而淮西镇始终未能攻下。

在这种情况之下，师老财竭，朝廷中主和派的李逢吉等人，又争向宪宗建议休兵，以暂且安抚百姓。宪宗只好问计于裴度，裴度脸色凝重，默无一言。

最后，裴度以必死的决心，向宪宗请求亲自前往前线督战，并请派韩愈为行军司马，载笔相随。临行，裴度告诉宪宗："如果此行能平定淮西，我将立刻还朝；如果不平淮西，我就不再回来。"宪宗大为感动，因执裴度之手而泣下，又亲自登长安城东门的门楼，送裴度出征。

裴度到达淮西地区，便驻扎在郾城。他命令诸将各专军事，撤除了监军的宦官，以免贻误军机。十月里，裴度与淮西精锐相遇，战于洄曲之北，大败而还。于是李愬决心采用李祐的奇计，冒险偷袭淮西总部所在地——蔡州城。

李愬率领了一支军队，向蔡州城进发。在一个大雪的夜里，疾行七十多里，沿途杀了不少吴元济的烽火戍卒，并且在路上留下一支部队，以阻断吴元济在洄曲的精兵，其余的军队就连夜直到蔡州城下。

蔡州城自吴少诚抗命以来，官军不到城下，已经有三十多年。因此，当李愬率军来到蔡州，城中竟无一人知觉。当时约是四更时分，李愬攻上城头，吴元济犹在梦中。待闻得李愬号角，淮西部众才仓皇走告吴元济。吴元济无论如何不能相信官军能在寒风裂旗的清夜来到此地。

第二天早上，雪停止了，李愬攻破吴元济的外宅，生擒吴元济，然后遣使告捷于裴度。

于是，裴度亲至蔡州城抚慰百姓，不杀一人。凡是吴元济的帐下官吏，甚至厨厩小卒，都不使更动，以安定人心。裴度又准许淮西州县的百姓免除赋役二年，以休养生息。从此，淮西镇才再度归顺中央。

裴度和李愬平淮西之役，功劳甚大，因此宪宗命令韩愈撰写一篇《平淮西》的碑文，以赞颂诸将的功业。这座石碑高三丈，字大如手，碑的两旁盘着龙螭，极其壮观。可惜不久之后，石碑就被人用长绳拉倒，磨去字迹。

然而，石碑上的字迹虽已磨灭，韩愈所写的碑文却一直流传到今天。因此，裴度和李愬平淮西的事功，也就随着韩碑而永垂不朽了。

唐代的官僚

从三国时代到唐代，中国社会大致说来仍然是门阀贵族独占政治、文化与经济的社会。但是，三国六朝与隋唐彼此间不管在政治上或贵族的生活态度上都有极大的差异。最能显示这差异的就是选官制度。三国六朝时所实施的是"九品官人法"，隋唐所实施的是科举制。

"九品官人法"是三国曹魏文帝时陈群建议实施的。《三国志·魏书·陈群传》说："制九品官人之法，群所建也。"九品官人法是指"以九品任官之法"，即我们常说的"九品中正制"。九品官人法的本旨是就个人的才干选择为中央官吏，但是，它的基础是建立在地方的乡党社会之上，因而造成了地方门阀豪族间接垄断中央政权与地方实权的局面。东晋南北朝时期，一般说来，地方官都可以自由选任自己的下属。因而门阀贵族不只独占中央政府的要职，其担任地方官者还靠自己的裁决选当地的门阀豪族做自己的下属。由此观之，实行九品官人法的目的是让贵族们安居于本籍地。这种制度到隋文帝时才开始有重大的转变。

隋文帝统一华北后，为得中央集权之实，废郡与府，让州直接统辖县，并整顿冗员，紧缩行政经费，废中正官，州县的高级官吏都由中央政府派任，换句话说，地方官无权自由选任自己的下属。中央政府为了因应地方所需的许多官吏，而实施考试制度，由秀才、明经、进士各科举任官吏，这就是所谓科举。中正的废除与科举的实施意味着九品官人法的结束。隋并陈后，华南也跟华北一样实施科举任官制度。九品官人法的结束与地方官不能自由选任僚属，意味着贵族们不能在本籍地任官，也不能在本籍地担任地方官的僚属。因此，门阀贵族为了因应新社会跟新制度，纷纷离开本籍地，移居首都长安跟洛阳附近。隋文帝改革地方制度跟选举制度的举措对门阀贵族打击甚大，其目的在于建立中央集权的官僚制度。唐代隋之后，仍然继承隋的此一方针。到武则天称制以后，门阀贵族再度遭受打压。

武后临朝时，为了收揽人心，曾滥授官职，并设定员外的员外官，甚至出现了卖官制度。门第虽低，只要出三十万钱，便可获得任官的资格。由此打开了非名门的新兴地主阶级进入政界之门。但是，大部分的新兴地主阶级大抵只能担任六品以下的官。高官厚爵依然为门阀贵族阶层所独占。在唐朝的制度里，不管是哪一种状况，五品以上与六品以下仍有明显的差异。武则天虽然不拘家门，滥授官职，但是，非名门的新兴地主阶级担任五品以上官员的仍然非常少，其地位仍然居于门阀贵族之下。

武则天为了择用人才，收揽人心，打破了以前尊重经学的风气，建立起以文章取士的方针。于是，考文章诗赋的进士科在科举中便成为最热门的一科。排除万难应举者也逐渐增加。但是，进士及第是升任高官的不二法门的说法需到唐朝中叶以后才成为事实。唐代科举是礼部所辖，科举出身的进士只是获得担任高级官员的资格，要实际获得官位需再度经过吏部的甄选。而吏部里，贵族意识非常浓厚，因此门阀出身的人比较容易被甄选担任高官。

唐代的官僚机构，唐令有极明确的规定。唐令不仅规定官吏的地位、员跟职掌，还提示了国家的组织法。

按唐令规定，唐代的中央政府以中书、门下、尚书三省为中枢。中书省掌诏敕政令的立案起草；门下省掌审核中书草案之权；尚书省是行政机构，其下设吏、户、礼、兵、刑、工六部。在这政治组织中，天子只能与中书令共同讨论天下政务而后立案。依此立案起草的敕令需得门下省的同意，才能转给尚书省执行。门下省如果认为不当，可以行使否决权，送还中书省。中书为天子所控制，门下则代表贵族势力。因此天子的命令若不通过门下省，就不能叫作诏敕。三省的意见不合，所有的政策便很难付诸实施。

以三省六部为中心的中央政府，跟地方州县的官吏合起来有一定的数目。这些唐令规定下的官吏数目称为定员。这些定员的官吏分为三种：流内官（九品以上的有品位的官）、流外官与杂任。其中，只有流内官才是一般所称的"官"，根据8世纪中叶以前的统计，流内官的定员约为一万八千人，流外官约五六万人，杂任为三十万人。当时人口大约有五千万人。流内官跟流外官有明显的差别，流外官需靠年功才能升入流内官。每年由流外官入流内官的数目是一千五百人到两千人左右。当时进士及第的人每年只有二三十人，与明经合起来也只有一百人到两百人，科举及格的人只占入流内官者的一成。

官吏的俸给分为两种：一是岁禄，按官品付给食米若干石；另一是按官品每月付给铜钱若干，颇带有职务加给的性质。除俸给之外，政府还给予防阁等用人；五品以上的高级官僚除获得官人永业田之外，还有子孙得免税役的特权。官僚若犯流刑以下的罪，凡应处以流刑跟徒刑的都改处"官当"（削官），杖刑跟笞刑则改处"赎"（以铜钱替代），换句话说，可免除身体上的刑罚。

唐令规定的官僚制度主要是为了把六朝以来的门阀贵族予以官僚化，并将之纳入政府的体制内。但是，到安史之乱发生前后（8世纪后半期），由于中国社会变化急激，府兵制崩溃，唐令制度开始逐渐松缓。官僚机构也开始变化。唐令之外的官，亦即天子直属的使职产生，而逐渐混入唐令官制。节度使、盐铁使、度支使、观察使等使职不断出现，在中央政府与地方政府都与原有的官职并行，而且逐渐掌握实权。原有的官职终于徒拥虚名。这些使职的下属，以新兴地主阶层的人员占绝大多数，例由节度使等官僚直接选用。由于使职的出现与发展，加上藩镇的跋扈，官僚化的贵族豪门势力逐渐衰退，新兴地主阶层的势力逐渐壮大。到唐末，由于黄巢之起事，贵族势力更为衰弱。唐亡以后，六朝以来的贵族社会完全崩溃，新的工商社会逐渐兴起。

唐代的佛教

　　佛教跟道教在唐代社会的势力极其强大。隋文帝的时候，曾经压制儒家，实施以佛教治国的政治。到隋炀帝时，才再回到儒家政治。唐朝以儒家治国的政治一再加强，实施以儒家经典为必备科目的科举考试。唐太宗为统一儒家经典的解释而编纂《五经正义》，作为解释经典的标准。唐朝从初年开始就极力提倡儒学，获得了相当的效果。但是，这种国定教科书的经典解释出现以后，儒学的自由研究风气就被剥夺了，因此，唐代很少出现具有指导思想界能力的儒家学者。

　　当时，佛教在唐代政治方策面前经常居于不利地位。相反，道教经常获得特别有利的条件。唐代王室并非出自名门，因而必须想些抑制名门豪家的方法。废除九品中正制度，改以科举考试，为的是压制名门豪族；编纂《姓氏录》，将李姓列于最高位，以显示其实力，也为的是压抑名门豪族。唐室本出自胡汉混血的军人，如此，在门阀势力还相当强大的时代，颇难保其帝王威严。因此，唐室才主张其家出自古圣人老子，道教也自认为是唐室祖宗的宗教。道教的整个势力比起佛教要差得很远，但是，公定的位次却居于佛教之上。佛教徒激烈反对这种不平等待遇，道教方面却乘这机会发起了排佛运动，认为佛教对中国是有害无益的宗教。

　　于是，道教徒跟佛教徒都向朝廷陈诉，展开了无谓的论战，朝廷也难以裁决，"道先佛后"的席位依然不动。

在这种状况下，佛教界出现了像法琳这样的护法僧。他将一生都用在反击道教徒的排佛上。他逼迫太宗承认唐室并不是老子子孙，因而被下狱、处流刑。尽管法琳尽其心力去维护佛教，但唐代已决定其祖先是老子。

唐高宗时，奉老子为"太上玄元皇帝"；玄宗时，命五岳、两京、各州立"玄元庙"，由国家祭祀老子，并且亲自替老子《道德经》做注，并且把它列为科举科目之一。后来，唐武宗极力排佛，以建立道教的权威。

唐代的道教，因老子姓李，而获得特别有利的地位，极其隆盛，但是仍然赶不上佛教的兴盛。佛教教团的数目跟经济力量都压倒道教。唐代的佛教界不仅出现了玄奘、义净等大师跟各宗祖师，还把势力扩展到新罗、日本等地。

在佛道优劣论战的时候，唐太宗正着意向西方发展，于贞观十七年（公元643年）派遣使节王玄策到印度。一年后，太宗突然听到一项报告："玄奘于贞观元年违反国家法律的禁止，到西域。他环绕印度、西域各国，带回许多书籍和珍宝，现在已经回到于阗，特向陛下报告。"太宗听到这消息后非常欢喜，传旨要官吏们于玄奘回国时给予一切方便。

贞观十九年正月，玄奘回到长安。官吏跟民众都像欢迎凯旋将军般欢迎他。玄奘很快就住进弘福寺，开始翻译佛经。太宗及其臣僚所希望的陈述西域、印度国情的《大唐西域记》成书于贞观二十年七月。玄奘回国前不久（贞观十七年），太宗派往印度的使节王玄策等人已经完成访问中印度的使命。他们访问了耆阇崛山（灵鹫山）佛陀说法的遗迹，带回了许多佛典，引起了太宗对印度的兴趣。

太宗对玄奘从梵语翻译佛经给予许多帮助。这项翻译工作是由具备正确的梵语知识和深邃的佛学知识的中国人推行的，而且也由国家出资，让许多佛教界的俊秀参与翻译工作。这在中国的佛典翻译史上是划时代的。太宗还为玄奘撰写了《大唐三藏圣教序》。

贞观二十二年（公元648年），皇太子（其后的高宗）为报答已逝母亲的大恩，在长安城东南接近曲江池的胜地进昌坊建大慈恩寺，迎玄奘为上座。寺内建有翻经院，设备相当齐全。贞观二十三年（公元649年），太宗崩，高宗即位。他对玄奘的待遇越发优厚。

公元652年（玄奘五十一岁），在大慈恩寺建立高一百八十尺的砖塔，安放从印度带回的经典跟佛像，以防火灾的殃及。这砖塔就是进士及第者亲刻其名于其上的大雁塔。今日所存的大雁塔虽然经过明代的改建，但玄奘时期的美丽佛像雕刻还保存得很好。

玄奘于公元664年去世，享年六十三岁。他翻译的佛典有75部，计有1335卷，其中也有像六百卷《大般若经》这样的大部头佛经。玄奘在佛经中最信奉的是印度所学的无著和世亲系统的大乘佛教。他也是法相宗的创始人。

玄奘临死时，向高宗说出了他最后的心愿，希望能改变"道先佛后"的席位。但是，高宗认为道教是祖宗之教，不肯改变。武后时改为"佛先道后"。武后掌政时，对佛教非常有利，因此出现了许多怪异的假佛教，但这只不过是一小撮。佛教界的杰出人物依然辈出。

公元671年，义净从广州搭船赴印度，停留印度二十五年，周游三十国。公元695年，他带了许多佛典归国，获得了武则天的欢迎，并奉敕协助翻译是年实叉难陀从于阗带来的《华严经》。公元699年完成新译《华严经》八十卷。义净翻译的佛经达63部，280卷，尤着力于有关戒律的翻译。他所著的《南海寄归内法传》跟《大唐西域求法高僧传》是研究印度和南亚的贵重资料。武后时代，佛教界最伟大的人物是成立华严宗的法藏（公元643年至712年）。他站在研究旧译《华严经》的成果上，批评智者天台宗、吉藏三论宗、玄奘法相宗等各宗派的教义，而以《华严经》的教义作为佛教最终极的思想，并提倡实践这教义。

公元 701 年，武后亲赴长生殿听法藏讲述新译的《华严经》，但她无法了解法藏所讲授的内容。这时，法藏突然指着装饰用的狮子说："请陛下看看那边的金狮子。"接着他解释道："黄金本来就不是狮子，不是狗，也不是人。本来无相、无自性的金，由于工人的缘，才成为狮子与人。从金之'真'，依工人之缘而造成的狮子的相是'虚'。早已有狮子，人才会执着于狮子。但是，金即使变成狮子，也不会改变金本来的性质。如果根据本来的金制成狮子，则金之外别无狮子相。狮子有生灭，金体本无增灭。由此观之，因缘而起的东西时时变化，只有金狮子的体——黄金，无相而寂然常住。只要洞察到其体的无相寂然，一切执着苦恼都会云消烟散。现实中常有新的欢愉。"听了这席话，武后恍然有所思，遂皈依法藏。开元之后，佛教密宗在中国逐渐流行。

唐代的广州与扬州

　　唐代的商业都市以扬州跟广州最具代表性。广州是中国跟阿拉伯、波斯商人贸易的最重要的港口。扬州则借运河把长安和江南各地连接起来，而成一个商业大都市。

　　广州因对外贸易而繁荣，凡任官此地的都可致富，据说在南朝时，广州刺史只要一过城门便可得三千万钱。唐玄宗时，特设"市舶司"，管理广州的对外贸易，还设"蕃坊"，供外人居住。当时在广州的外人已超过十万。外国船入港时，首先开"宫市"，供宫市使购买宫廷用品。宫市使大都由宫廷派来的宦官担任。宫市使购买宫廷用品完毕后，才进行舶来品的自由买卖。由此，广州的官吏跟商人都大获其利。当时，长安南衙（宫城南方的行政衙门）的官吏为得财富，常托请北司（宫城北方的宦官衙门）活动宫廷，以充当广州官吏。可见广州是一个做官可得巨利的地方。

　　连接大运河与长江的扬州就是隋炀帝最欣赏的江都。而运河则是把江南丰裕的物资运到长安的生命线，扬州是它的集积地。从华南到长安的人与物都集聚在这里。它不仅是中国内陆的交易中心，也通于海，因此，有许多外国的船只到这里来，如日本、大食、波斯的船只，也有许多波斯跟大食商人住在这里。公元 760 年，田神功为征讨此地的叛军，曾杀大食跟波斯商人两千多人。由于富之所聚，扬州的游乐设施非常多，歌妓也不少。曾有诗人这样描写其繁荣的情形："十里长街市井连，月明桥上看神仙。人生只合扬州死，禅智山光好墓田。"公元 800 年前后，扬州虽遭战乱，仍笙歌不辍，有诗人咏道："夜市千灯照碧云，高楼红袖客纷纷。如今不是时平日，犹自笙歌彻晓闻。"茶商、盐商也都以此为根据地。其富可敌国，只要看看白居易的《盐商妇》便可得知。自玄宗后，为增加国库的收入，曾立盐税、茶税之法。

李唐时代的长安

　　唐玄宗治世期间始于开元元年（公元 713 年），终于天宝十四年（公元 755 年），共四十三年。在这期间，首都长安已达繁荣之极点，是亚洲各国盟主的首都，也可以说是世界第一大都市。

　　长安城东西约 9700 米，南北约 8200 米。城郭由 50 米高的围墙环绕。城墙内南北走向的街道有十一条，东西走向的有十四条。每四个十字路口设一"武候铺"，作为警备场所。街道交叉，划成许多小区域，这些小区域叫作"坊"。每坊周围都有屏障。南北走向的街道一律宽 147 米；东西走向的街道，最狭小的也有 70 米宽。街道上植有槐树、柳树跟榆树等，而且处处立有石柱，黑夜行马常会碰上石柱。沿着街道有小河潺潺而流。由此观之，长安大概可以说是世界上最整齐的城市了。

　　城北的正中间有宫城（它的正殿是太极殿）跟皇城。东西宽 2814 米，南北长 3248 米。宫城是皇室的居住地，但附近很潮湿，所以天子经常住在宫城东北地势较高的大明宫。皇城是政府机构的所在地，三省六部的衙门都设在这儿，比邻相接。官吏们为了便于上班，都住在接近大明宫跟皇城的城东地带。他们上班的时间很早。到大明宫上班的人必须在日出前一小时聚集在建福门前等待开门。换句话说，冬天，他们须在五点半到达，夏天需在四点半左右到达。当时官吏上班大都骑马，但从者都徒步，因此走的速度并不快，加上长安街道路宽长，上班时间常要花上一个小时。

长安城内最热闹的地方是商店最多的东市、西市、朱雀门附近以及应举生住宿的崇仁坊。城南住家很少，冷冷清清。城郭之外，不管是西边、东边还是南边，都有许多民众聚族居住，热闹非凡。长安人口据说有一百万，其中外国人达一万。这些外国人有来自中国东邻的日本人跟朝鲜人，有来自北方的突厥等游牧民族，也有来自西方的中亚人、波斯人跟南亚的印度人等。他们有的是留学生，有的是商人或艺人等。西方人（伊朗人最多）被称作胡人，都住在西市，从事各种职业。酒肆中常有美丽的胡姬陪客饮酒。胡人也多不改其原有风俗，对长安人颇具刺激性。当时的长安男女流行穿胡服，少女们也喜欢穿瘦狭的骑马服骑马，而且盛行西式的化妆，也学西方的音乐。

　　长安有许多歌姬、名妓，宫城东边，大明宫南方的右教坊跟左教坊，宫城内的宜春院，和禁苑里的梨园，都养有歌姬，以侍奉宫廷的游宴。据说，右教坊的美妓擅歌，左教坊的美妓擅舞。科举及第的新进士在曲江畔举行庆祝晚宴的时候，朝廷常赐借官妓以助兴。朝廷养有官妓，王公将相跟豪富人家在自己家里或别馆中也常养有许多歌姬，用以接待宾客或侍寝。

　　西市附近的酒肆里，胡姬最受欢迎。东市西北的平康坊是中国歌姬舞娘聚居的地方，她们大都精通中国诗文，所以最受新中举的进士欢迎。其中当然也有一些不入流的妓馆。长安的繁华从这里可见一斑。

大唐长安的春天

　　长安在唐玄宗时期已经达到繁华的顶点，世界各人种几乎全集中到这世界性的大都市来。大唐长安的繁华也表现在春天的行乐里。春天的节日更是大唐儿女踏春寻幽、装点自己的好时光。

　　春天从正月开始。元日是"岁元"、"时元"、"日元"，人们一大早便起床，端正衣饰，互贺新春，齐喝屠苏酒，"一人喝屠苏，一家无疾；一家喝屠苏，一里无病"。立春是人们播种的日子。长安少女都用色丝跟色纸做成美丽的燕子和蝴蝶，或在小幡上写着"宜春"两个字，装点在发际。少年人则把这些用纸裁剪的装饰品挂在花上，或挂在佳人的脖子上戏耍。长安春意还未深浓，行乐的人已经等不及，有的坐车，有的骑马，到郊外举办"探春宴"。过不多久，百万人的夜宴与彻夜的歌舞就来临了。正月十五元宵节，以这一天为中心，前后共五天或三天，是"元宵观灯"，不论在长安、洛阳还是扬州，这几天都是最热闹的日子。元宵的灯节，据说始于南北朝后期，到隋唐的时候才盛行，玄宗时达于极点。每户人家都挂灯笼，街上或富人家的门口都竖立着高大壮伟的灯树或灯轮。这几天，长安灯光闪耀，彻夜不熄。一般说来，当时的大城市入夜以后，不管城门或坊门都要关起来，不许人们夜行，只有元宵观灯的晚上才开禁。城里城外的男女都尽情地享受这难得的夜晚。有人描写这情景说："唐朝正月十五晚上，允许人们有三天的夜行。寺观街巷，灯火像白昼一般明亮。放灯的棚子像山一样高，有百余尺。男女没有不夜游的，因此，车马阻塞了大路，有时免不了要脚不着地地浮行好几十步。"热闹的情景可以想见。皇城西门的安福门接近金仙女冠观或玉真女冠观，观中的女道士大都出身皇族或贵族家庭。这里也举办朝廷主持的元宵观灯，"安福门外有灯轮高二十丈，衣以锦绣，饰以金银，高燃着五万盏灯，看起来很像花树。宫女和首都佳人都成千成百地穿绮罗，披锦绣，戴珠翠，施香粉，在灯轮下载歌载舞三日不停。"诗人们也不放过这欢乐的景象，有的描写道："初年三五夜，相知一两人。连镳出巷口，飞毂下池漘。灯光恰似月，人面并如春。遨游终未已，相欢待日轮。"有的描写道："凤城连夜九门通，帝女皇妃出汉宫。千乘宝莲珠箔卷，万条银烛碧纱笼。歌声缓过青楼月，香霭潜来紫陌风。长乐晓钟归骑后，遗簪堕珥满街中。"

二月仲春，三月季春，是春意正浓的时候，名胜地区全是行乐的人们。斗鸡也非常盛行，玄宗自己就是一个非常喜欢斗鸡的人。秋千跟打球等户外游戏是青春儿女享受春天的方式。城内东南方的曲江池是开元时期最有名的游乐场所。杜甫所说的"三月三日天气新，长安水边多丽人"，便是指曲江池而言。"三月三日"是上巳节。这一天，唐玄宗在曲江池上备彩舟，宴百官臣僚，享受那流觞曲水的乐趣。郊外原野的春宴也很盛行。当时杨国忠的子弟常结彩帛于大车，做成楼房，载女乐数十人，从邸宅往郊外探春；有时还在车上种植稀罕的花卉，让它自由移动，来享受春天的气息。

晚春是牡丹花开的时节。牡丹花在三月中旬前后只开二十天，一城的人都为它而疯狂。牡丹花的价格一朵要几万钱（当时米一斗约十五钱），甚至还要高。一朵深红的牡丹等于十家的税金。长安牡丹最多的地方是曲江池附近的大慈恩寺。从三月中旬开始，这里有五六百朵牡丹争奇斗艳，观赏的人齐涌而至。

从上面春天行乐的景象，也可以看出盛唐时期长安的繁华跟富有。

唐代文化的东播

　　中国文化很早就传到日本跟朝鲜半岛。到魏晋南北朝的时候，中国文物的东播更明显，在日本跟朝鲜半岛留下了许多南北朝式样的文物，间接促成当地古代统一国家的出现。就在东邻国家统一体制正在形成的时候，中国也从分裂的南北朝进入统一的隋唐帝国。

　　在隋唐时期，高句丽曾跟隋唐发生战事；新罗和日本则跟中国交换过使节。由于战火的一再发生，终于促成唐跟新罗的联合以及百济跟日本的结盟，最后，在朝鲜半岛造成了百济、高句丽的灭亡与新罗的统一朝鲜。

　　在这和与战的过程中，中国的文物逐渐繁密地传播到东方各国。在这以前，中国南北朝制式的文物已传到东方各国，与其本土的东西互相融合，创造了另一新型的传统。日本7世纪中叶所推行的"大化改新"（公元646年），其实可说是唐化运动，意图一举把唐代制度跟文物导入日本。但是，这理想不可能立刻达成。艺术的式样也无法飞跃地跟隋唐形式相配合，南北朝末期的形式仍然残存。譬如，作于公元685年的山田寺金铜佛像明显表现出南北朝佛教艺术的样式；另一方面，当麻寺的佛像却启开了初唐的佛教艺术形式，用塑造跟干漆的新手法制佛像。于是，盛唐文物在短期间内如洪水般流入日本：仿中国长安，先后完成了日本的首都藤原京跟平城京；仿唐朝佛教艺术，完成了法隆寺壁画。

藤原京跟平城京的规划完全是根据长安形成的：市街分成纵横的条跟坊，整齐划一；东市跟西市也安排得非常妥当；宫城跟长安一样，安置在北边的中央。此外，宫殿的建筑、寺院的建筑及建筑中的佛像、壁画、卷装的经论文字，织染的工艺等等，全是唐朝的模式。出入其间的官吏跟僧尼的衣冠也全是唐朝形式的。

　　日本这些模仿唐朝的文物，现在仍有许多保存在日本奈良的各大佛寺里。日本正仓院所藏尤其完整，不仅优秀的东西，甚至零碎之物，都保管得很好，从这些东西不只可以看出当时日本文物的状况，也可推察出现在已经不存的唐代文物。正仓院所收藏的有乐器、佛画、佛具、游戏器具、文房四宝、武器、装饰品、调物器、食具、药物、织染品，等等。

　　这些东西，有一些是日本固有的，大部分是从中国大陆舶来的，或日本根据这些舶来品自己制造的。

　　从中国传到新罗的，也不会比日本正仓院的差。新罗太宗武烈王（公元654年至公元661年在位）曾亲自到中国访问，亲眼目睹了大唐的文物，因而着意去吸取中国的文物跟制度。只要看看他陵前的石碑就可知道新罗受中国影响的情形。这石碑碑身已失，但它的螭首跟龟趺都极其精巧，且是中国式的。

　　就寺院建筑来说，伽蓝的直线配置和双塔制也都是根据中国寺院形式建筑。屋瓦和敷砖特别突出，其图案的丰富纤丽也极为罕见。但是把这些图案分别取出来看，又是中国式的。譬如，飞天、双龙、天马、狮子、凤凰、鹦鹉、鸳鸯、比翼鸟、花枝、月宫等，大都按照中国的构想与形式制作。由此观之，新罗寺院建筑保存了许多现已不存的唐朝式样。

　　但是，在寺院中，新罗也有一些日本所无的仿唐品，最明显的就是砖塔。新罗庆州芬皇寺的塔是一座用三四十英寸长的石板筑成的三层塔。该塔据说于公元634年筑成，原有九层，是否确实，无法知道。

芬皇寺石塔颇类似砖塔，而安东市东的七层塔是真正用砖砌成的，平面方形，二层以上渐低，颇能保存唐制。模仿中国石窟寺院的有庆州吐含山的石窟庵。但这不是凿山建成的真正石窟，而是利用石材组成的。中央有卢舍那佛，四周壁上有十一面观音、十大弟子、四天王、神将、力士等浮雕，整齐划一。据说这是新罗景德王（公元742年至764年）时建成的。

宋代科举与读书人

　　自隋唐实施科举以来，科举及第的人就可获得任官的资格，但是在唐代，除了科举之外，还有一些任官的途径，其中尤以"任子制"最为有力。所谓"任子"就是高官子弟不必应举就可获得任官的资格，因而名门子弟靠任子制做官的，比科举及第而任官的，要多得多。即使在科举考试方面，名门豪家的子弟，权贵大臣的知友，也往往比庶民容易中举，因为唐代科举重视平时的学力与人物的品评，而学力与品评大都需靠当朝官吏与名士学者衡定。因此在考前，应举者必须大事活动，有怀帖结交高官名士的（叫"求知己"），有怀自作诗文求取过目的（叫"请见"），有因对方没有反应而再度呈示自作诗文的（叫"温卷"）。这些活动只有上流阶层的子弟才有能力，庶民阶层缺乏资金，大都无能为力。

　　放榜前，主考官也常征询宰相的意见："有没有你的意中人？"或征询翰林学士的意见："这次应举的人员当中，学识优异的有哪些人？"由此可见，高官或学者对科举都有极大的影响力。

　　到宋代，这种现象已经逐渐消除。唐末与五代的大混乱，使唐代的特权阶级——名门豪族趋于没落，代之而起的则是新兴的军阀。宋太祖即位后，首先便解除了军人的兵权，而重用儒臣文人，开启了宋代文治政治。

　　五代的君主大部分是军人，宰相也都由军人担任。宋太祖却重视有学问的读书人。读书人跟唐代的贵族不同，是一些和门阀巨族完全无关的庶民，但是他们喜欢学问跟读书，也有经学跟文学的底子。宋代，印刷术发展迅速，因此读书做学问已经不像唐朝那样，由贵族专享，而开放给一般庶民了。

太祖即位时，由于战乱余波还在荡漾，所以应举的人还不多，太祖也尽量限制进士的人数。对科举考试，太祖极力扫除唐代以来的科场弊端，尽量给贫穷读书人中举的机会。他设立的殿试，主要目的就是纠正唐代科举的弊病。他禁止应举者试前的活动。凡是违反这项禁令的人，不仅读书人要受到处罚，永久不能应举，主试官也要负连带责任，而被降官左迁。

太祖建立这传统以后，宋朝历代天子都谨守不渝。真宗时，下诏说："由贫穷的庶民担任官职，比较能够做事。"仁宗时，上流阶层的沈文通省试夺魁，贫穷的冯京名列第二。仁宗听到这消息，就下令把他们的名次颠倒过来。他说："不要让贵人的子弟优于穷人的子弟。"在宋代，即使通过省试，最后的殿试还是一个大难关。大抵有三分之一，甚或三分之二的人会在殿试中被刷掉。自仁宗时起，在殿试中落第的人虽然没有，但是名次的排列却全凭天子的意思更动，也就是说，天子透过殿试掌握了天下读书人的生杀大权。唐代的新进士必须再接受吏部的考核才有任官的资格；宋代则有所谓"释褐礼"。所谓释褐礼就是新进士在御前脱去庶民服装，改换天子赐给的绿色官服，名次居前的立给官位。于是天下进士跟读书人莫不感激，匍匐天子之前，立誓效忠。他们因从天子获得进士之名，而自称"天子门生"。后来由于有意科举的人越来越多，考试也越来越难，因此有经济能力、有做学问余裕的阶级的子弟（如地主子弟）方能中举为进士，进而得任官资格。于是，一个新的贵族阶层——士大夫阶层产生了。

宋代除了殿试的创立之外，还做过一些重要改革。其一就是"糊名法"。这是把应举者的名字糊起来，使考官无法知道答卷者名字的方法。宋代虽然严禁试前活动，但是仍然无法根绝作弊的行为。太宗有鉴于此，乃于殿试时采用糊名法。真宗时把这方法扩大到省试（在开封举行的考试，及格者可参加殿试），仁宗时又把它扩大到解试（府州举行的考试，及格者可参加省试）。由于采用糊名法，唐以来的所谓求知己、请见、温卷等试前活动全失效力，由此确立了公平无私的考试。

但是，糊名法未必能完全防止作弊，因为试官虽然不知试者的名字，但可知道试者的笔迹。因此，糊名法之外又采用了"誊录法"，就是让人誊写答案，而后按誊录的试卷给分数。真宗时首先创立这方法，用在省试上；仁宗时再把它用到解试上。在殿试时，由糊名的官员誊写答案。由于誊录法的出现，所有试前活动与作弊行为终于销声匿迹。

有了这两种方法，照理应可以安心了。但是读书人当中又有人想出新的作弊方式，即在考前与考官约定答卷时在第几行第几字会用某字的方法。这个字大都是选没有意义的字。这种方法称为"关节"。若要关节成功，除了必须收买考官之外，还须贿赂主考官。据说，贿赂的款额只需两三百银子。

由此观之，唐代的科场，以政治压力与人情最具效果；而宋代的科场，钱的威力却胜过人情跟政治的压力。

宋初的官场

宋太祖鉴于唐代以来藩镇的跋扈和割据，开始解除战将的兵权，利用文官带兵，厉行中央集权政策。由于文官受到重用，科举就逐渐成为读书人猎官的目标。

科举始于隋朝。到唐朝，因为试官与新进士之间结成亲密的师生关系，造成了许多政治上的派阀。新进士甚至只知有师，不知有天子，贿考也公然存在。宋朝开宝六年（公元973年），太祖发现礼部考试有作弊的行为，于是把礼部考试及格的考生都集中到殿堂，亲自再考一次，以决定及格者的成绩顺序。这就是所谓"殿试"。殿试及格的就成为天子的门生。唐朝时期的师生关系，到宋代已经完全改变了。做官的资格由天子赐予，因此天子对官吏具有压倒性的权力。宋朝文官得势，这是很重要的原因之一。

宋太祖虽然重视科举出身的文官，但他自己是一位很优秀的将领，所以他本人还是很重视武人的。他任命自己的心腹武将镇守北方边境，并委以财政权。到太宗的时候，他不敢信任太祖亲自任命的武将，逐渐用文官去取代他们，也把财政权收归中央政府，即使派遣武官镇守边疆，也不敢让他们驻守太久，时时更替，以致"兵不知将，将不知兵"。在这种情况下，宋代军人逐渐失势而被冷淡，但是中央政府还照样给他们优厚的生活保障，这是宋代区别于五代，不曾发生军人革命的原因。兵权跟财政权也被严格划分，不让军人掌握财政，军队的财务全由天子一手包办。于是，文官的地位逐渐提高，终于压倒了武官，掌握了宋代的政权。

这些文官大都是科举出身的官吏。做过官的家庭，当时叫作"官户"，可以免除劳役跟附加税，在审判上也享有特殊的恩典。官吏还有庞大的收入，据说，为官三年，子孙三代可以过着安乐的生活。因此，科举可以说是当时读书人荣宗耀祖、应举做官的阶梯。考场上也经常有白发老人应举的场面。科举可以使一介平民平步青云，成为官场上的人物。一般说来，天子也喜欢示恩人民，表示自己爱才。于是，应举的人多，录取的也往往超越规定的人数。太祖时候，录取的人数还不多，从太宗以后就急速增加，到真宗时期，科举及格而无法任官的已越来越多了。

要想任官，除了科举及格之外，还有许多其他途径。科举落第仍然不气馁一再应举的，政府有时也会同情地给予任官资格。捐资政府或长期任职官衙书记的人也可以任官。此外，宋朝还有所谓任子制度，高官的子弟或亲戚都可以靠这种制度获得官职。这些人一旦授官，政府便需给薪；宰相的子弟从婴儿时期开始就可以领取薪俸。官吏的人数年年增加，薪俸的支出也一年比一年增多，国家财政越来越困难。正途出身而无法做官的人逐年增多，于是，贿赂钻营就成为他们猎官的手段之一。

科举出身的人大都精通儒学跟文学，但缺乏法律和经济上的知识。因此，实际政治大都委托精通这方面知识的书吏办理。这些书吏没有薪俸，只靠从百姓那儿获取的手续费来维持生计，因此公然向百姓索贿的大有人在。官吏们在实际政治上需要依靠他们，任期又只有短短三年就需转任，何况还有许多官吏是靠他们来敛财的。冗官过多，贿赂公开，是宋代政治腐败的主要原因。

宋代的士大夫

在中国历史上，唐到宋的转变也意味着社会跟文化的大变革。唐代以前的中国社会，少数贵族已成特权阶级，经济跟文化都被他们独占。到宋代以后，中国进入了一个新的时代，以前的世袭贵族不仅没落，贵族制度也消灭了。

因此，从宋代以后，贵族文化逐渐没落，庶民文化代之而起。但这并不是说当时的社会中民众已成天之骄子，而是说贵族社会没落，工商发达，民众的生活逐渐提高，原为贵族阶级所独占的文化已逐渐普及于民众，并产生了一种新的文化形态。不过，在宋代，文化虽然普及了，但真正享受文化气氛的还是那些有意参加科举或科举出身的读书人，也就是所谓士大夫。他们取代了以前的贵族阶级，形成了一种士大夫阶级，也因此产生了一种特殊的士大夫文化。

士大夫阶级是承继唐代以前的贵族阶级而成统治阶层的，要维持自己的利益，往往需跟政治权力结合在一起。东汉时产生，到六朝而鼎盛的贵族阶级大都重视自己的古老家系，但是，要使家系维持不堕，势需获得朝廷赐给官爵。历代祖先官爵的累积，才是使贵族成为贵族的根本。在理论上，贵族即使不做官，也应该拥有贵族的名衔，但事实上却不是如此。大致说来，贵族一旦离开官爵，就往往走向没落之途；要永远拥有贵族的名衔，就需独占官爵，拥有集团势力。在这种情况下，在贵族时代，个人要社会承认他的才德，首先要具备的条件是出身贵族，个人的才能是次要的。

在这样的社会里，文化当然由贵族独占，但这并不是说所有的贵族都是有高深文化修养的人。当时的读书方法是比较重视背诵的，是一件需要耐心的工作。一般说来，贵族子弟大都不喜欢研读古典作品，尤其不喜欢儒家经典的研究，沉溺于当时流行的游戏者占大多数。喜爱儒家经典的大多不是上流贵族，而是那些贫困的贵族。但是，一般贵族都比较喜欢文学，而且非常尊重文学上清新的创造力。

宋以后，士大夫阶层所以得势，跟科举制度有密切的关系。科举不重视门第，以个人才能取人。科举出身便有做官的资格，一旦做了官，在哪一方面都可以得到跟一般民众不同的待遇，而成为统治阶层里的人。但是，他的地位仅止于自己这一代，虽然当时有任子制度，高官子弟不经考试可以任官，但是这种制度并不能保证高官的子孙可以永久享受特权，反而常被新进士所取代，而沦为平民。换句话说，宋代阶级的流动性很大。

在这样的士大夫社会里，也产生了跟它相配合的士大夫文化。这社会跟以前的贵族社会不同，统治阶级中的所有成员几乎都是知识分子，可以说知识阶层既是文化的生产阶层，也是文化的需求阶层。因此，在宋代以后的士大夫阶层，文化的生产跟享受是非常盛大的，非前代所可比拟。独创性的"宋学"（理学）跟书画的个性表现，可以说是宋文化的象征。

宋代名臣范仲淹

范仲淹是北宋的第一位名臣。他生于苏州官宦之家。两岁的时候，父亲去世，母亲再嫁朱氏。一直到成年，他都姓朱，叫朱说。有一次，兄弟相争，他才对自己的出身表示怀疑。不久，他知道自己是范氏之子，于是发愤读书，决心复兴范家。

他离开继父家，入学校，每天忍受喝粥的清苦生活，勤勉读书，以便以后迎接母亲回来同住。这种勤俭奋勉的陶冶培养了他与保守权威战斗的不屈精神。二十七岁时，他科举及第，恢复父姓。

中举后不久，范仲淹得词人晏殊赏识，任职应天府书院，接着又任宫廷司书，时为公元1028年。这时宋仁宗虽在位，但年纪幼小，由母后刘太后摄政。太后左右都是她宠信的官吏，其中甚至有人活动太后学武则天故事，即帝位。仁宗在太后面前也抬不起头来，时领百官以臣下之礼朝见太后。范仲淹看见朝廷这么腐败，就建议太后还政仁宗。当时，一个下级官吏是绝对不许谈议宫廷之事的。他这种举动令保荐他的晏殊吃了一惊，他也因而左迁。

过了五年，太后去世，仁宗亲政，凡是触太后之怒被左迁的人都被赦还都。范仲淹就任谏官。这时，宫廷又发生了问题。仁宗对母后所立的郭后非常不中意，想废后立自己宠爱的尚美人。宰相吕夷简等人逢迎天子的意思，表示天子这样处分很恰当。谏官范仲淹与同僚联名上奏，反对废后，并指责宰相逢迎态度的不当，因而又被左迁。这时，富弼等都非常同情范仲淹，上奏说："封谏官之言，放逐忠臣，将招国乱。"

由于舆论的支持，范仲淹不久就回到都城，开始长时间的净化政治运动。他向仁宗进《百官图》，揭露宰相吕夷简任用私人。他这种不畏权势、攻击当时宰相的行动，颇得少壮官僚的激赏，纷纷模仿他，要求净化政府，实施公平的人事制度。

这些少壮官僚大都是在京城无缘无故的孤寒之士。他们有学识，千辛万苦通过科举考试而得任官。但是，因为没有有力人士的提拔，迟迟不能上升，大都长期远离京城，担任地方官吏；中央官吏却被高官子弟或近亲所独占。这是他们不满当时朝政的主要原因。

江南可以说是被宋代征服统一的地区。这地方出身的人都被称为"南人"，在人事上常受差别待遇，宰相大都不用南人。但是，科举考试时，有文化传统的南人成绩都比较好，录取的人数也比北方人多。对当时凭关系任职的人事风习，这些有杰出才能而在政治上却无法上升的江南人士当然希望能够立刻加以改正。

要求建立公平的人事制度的范仲淹等人，在吕夷简看来是有意离间君臣的恶人团体——朋党，而把他们逐出政府，并颁布禁令，不许官吏越分批评政治，意图钳制言论。范仲淹等人的改革运动终于被压制下去。

之后，宋与西夏发生战争，持续了七年之久，所需军费自然非常庞大。为了补充军费，宋廷只好加强税收，人民的生活因此愈加艰难，暴动时时发生，京城附近也有被波及之势。在这种状况下，仁宗开始觉得有实施政治改革的必要。庆历三年（1043年），宋夏之战缓和的时候，仁宗把防夏有功的范仲淹召回都城。仁宗特地把他召到天章阁，给他笔和纸，要他提出有关国家当前问题的意见。范仲淹请仁宗给他思考的机会。过后，他便提出十条改革意见，内容包括任官制度的改进、农业政策的推展、行政区划的修正或废除，以及军备的扩充等。但是，他改革意见的主要目标在于政治制度的革新。他建议改革政治机构，以避免权臣利用人情任官；削减给显官子弟的特权，开放门户给孤寒之士，并建立公开讨论政治的体制。

宋仁宗对范仲淹的这些改革意见非常赞成，任命他掌理国政。他掌政之后，援引韩琦、富弼等为国之士共同主持政务。这时期就是史上所谓"庆历之治"。后来由于保守势力的中伤与指责，范仲淹只好自请辞去宰相职，改革也因而受挫。但是范仲淹这种不畏权势、一心为国的胸怀与人格，对宋代的士大夫影响非常深远。

宋代名臣欧阳修

范仲淹掌政，推行庆历新政的时候，有许多官吏跟他合作，革新政治。欧阳修就是其中的一人。欧阳修，江南吉州人，是地方下级官吏的儿子。四岁时，父亲去世，依附叔父，勤勉读书。他的情况跟范仲淹很相似。三次参加科举，好不容易才被录取。随即任职西京（洛阳），做一名小官，可说是闲差事。因此，他常跟这地方的年轻文人交换诗文或谈论政治，以度过无聊的日子。这时正值范仲淹担任谏官，他写信给范仲淹说："谏官的地位虽然低，但它的权限足可匹敌宰相。因此，非有才干的贤人，就不能当谏官。当你蒙朝廷召见的时候，洛阳的士大夫都相告说，你一定会当谏官。虽然这责任重大，但是为了革新政治，希望你能不畏权势，说真话，使我们士人的期待不至于落了空。"

他们两人在政治上的密切关系就是这时候建立起来的。没过多久，欧阳修也任职中央，接着被卷入范仲淹跟吕夷简的政争中。范仲淹因违背宰相意思而被左迁的时候，欧阳修也因质问谏官为何不向皇帝表示这处罚不妥当而被认为是党人，遭到放逐。

实施庆历新政之前，宋仁宗意图增加谏官人数，来吸收舆论。当时被选任谏官的，有欧阳修、蔡襄、余靖等主张政治改革的新晋官吏。他们批评仰吕夷简鼻息的宰相们，要求把范仲淹这种有人格的人迎接回朝。弹劾当朝宰相，言辞最激烈的要算欧阳修。这时，他写了一篇文章，名叫《朋党论》。他认为君子聚集组成的团体，才是真正的朋党；把反对者所谓的朋党，即恶人互相勾结组成的团体，转过来附以好的意义。欧阳修这种非击倒对方不罢休的态度，当然叫那些被目为小人的保守官吏视为眼中钉，连同党的韩琦都觉得有点过分。

宋英宗即位时，欧阳修跟韩琦同为宰相。在祭祀时，应该如何对待英宗生父濮王，在朝廷里引起了极大的论争，这就是所谓"濮议"。御史台跟谏官认为应该称濮王为伯父，欧阳修等宰相则认为应该称为父亲。于是，欧阳修遭到谏官跟御史的严厉指责，为此他几乎无暇处理政务。当时有人就这件事批评说，这是欧阳修以前攻击宰相所筑起的果报。本来，自称君子的新兴势力希望在政治上能自由议论，因此对谏官极为重视。但是，言论不着实际，漫天发言，反而会使政治动荡不安，政务无法推行。宋代士风终于产生了唯议论是尊的弊端，濮议就是一个好例子。

欧阳修对宋代士风的形成所立下的功绩就是变革文体。当时有人说："文章的变革通于政治。"欧阳修便主张斥骈体文，以返回能自由表达思想的古文。仁宗末年，他当科举主考官的时候，凡是用旧式文体撰写的答案，他都置之不顾，以贯彻自己的主张。从此以后，士人纷纷使用古文，数年之间，文体为之一变。在他担任主考官的那一年，他录取了唐宋古文八大家中的苏辙、苏轼跟曾巩。不只唐宋八大家，这时代的著名政治家也都是擅长写文章的名家，都有名文留于后世。

宋代名臣司马光

　　司马光，山西夏县人。1019年，父亲为河南光州光山县令，光生于任所，故取名光。幼时好学博闻，二十岁科举及第，历任地方官，后归中央，代表当时舆论，评述政治得失。初任官时，常半夜从床上跃起，穿官服，正襟思考天下安危，可见他早已有"以天下为己任"的气概。仁宗末年以来，"士人都怕政治不能革新"，他也一样，时时陈述有关财政、军事、社会政策等改革论。但是他的对策是尊重建国以来的传统，只改革有弊病的地方，这是保守的方案。他充分承继了不好激烈改革的北人风气。

　　濮议时，他任谏官，跟宰相对立。失败后，同事纷纷左迁，只有他一人仍居原位。这时他说："世人大概会认为，我虽然说了真心话，但因珍惜禄位，才得免处罚。其实，我珍惜名节甚于禄位。"他希望自己也像同事那样被左迁。当时舆论都非常赞扬他重名节的态度，而责备宰相的行为过于专横。其实宰相方面的主张是比较合理的。

　　此后，他的名望逐渐高扬，苏东坡说："儿童诵君实（司马光字），走卒知司马。"但对于司马光的行政能力，一般评语都不高。韩琦说他"才偏量小"，苏辙称他"才智不足"，政敌章惇蔑视他是"无能的乡巴佬"。他也承认自己缺少行政手腕，曾自比药草："小病可治，大病不灵。"司马光晚年任宰相，只一年多就完全废除了王安石的新法，恢复仁宗时代的旧法。

司马光大王安石两岁。两人曾经一同任职于开封某一官衙。当时官衙庭院牡丹盛开，长官开宴赏花。酒酣之际，长官跟部下交杯。司马光不大喜欢酒，但经不起长官的一再劝解，只好干杯。王安石本来就不会喝酒，长官不管怎么劝，他始终不肯喝，直到散席，还是没有喝过一杯。从这里很可看出他们的性格，也充分显示了他们两人政策上的差异。

　　司马光是当时旧党的代表人物。旧党的保守精神也许跟他们出身北方有关。北方是宋朝兴起之地，因此北方人常觉得自己生为北方人是光荣的事。太祖、太宗是天子的祖先，同时也是他们同乡的前辈。这些人所定的祖法即使有一些弊病也希望能够维持原状。这就是所谓"利不百，不变法"的保守精神。

宋代税制与专卖制

宋代国库的主要收入是土地税跟商品税。两者的税额相差无几。土地税是承继唐代"两税法"而来的，分两期征收，夏征绢，秋征米。两税法的精神可从两方面来说：第一，两税法涵盖了百姓的一切税收，此外一钱也不收；第二，土地税都以货币征收。

但是由于财政困穷，政府自己先破坏了第一项规定，利用种种名义征收规定以外的税。后来两税税额修改，新税也就纳入两税中，使百姓的负担加重。

第二项规定根本没有实行过。宋代货币经济很盛行，但是农民并没有将生产品卖给商人，换成钱，再缴给政府。人民通常都是夏天纳绢、秋天纳米为税。

宋代，政府财政逐渐为难的时候，除两税的税额之外，还征收各类各样的附加税。其一是"支移"。人民通常是把租税缴给自己居住的县，可是，有时为了政府的方便，叫百姓把税缴给邻县或州。尤其在河北、山西、河南等地，百姓常受命把税缴到军队屯驻的边境地带。事实上，百姓是无法把税纳到其他地方的，因此必须出运费，以免运送之劳，这就是所谓支移。

此外，还有所谓"折变"。原则上，租税是用钱缴纳的，事实上却以绢跟米代缴。这就是折变。不过，有时候政府为了方便也常叫百姓用钱缴纳。用米、绢或其他物品代钱缴纳时，换算率对政府比较有益，因此经过若干次的折变之后，百姓的负担越来越沉重。譬如北宋末期的四川就是一个很好的例子。本来，四川的规定是税款三百钱折合绢一匹。后来叫百姓用草一百五十束折合绢一匹缴纳。若用钱缴纳，一束需一百五十钱。也就是说，本来是三百钱的税款，现在却成为一百五十钱的一百五十倍，即两万两千五百钱。这虽然是政府财政艰难时的极端事例，但是由此可见，由于税制的不稳定，百姓的负担已相当沉重。

此外，由于军队数目的不断增加，因此也需要更多粮食。于是政府用"和籴"（指政府与百姓商量，决定价格后收购）的方法向农民购买米谷。起初，是在政府与百姓的协议下用公平的价格交易。后来，政府财政艰难，政府只用实价的一成购买。"和买"也一样。起初，由政府于春天贷款给农民，夏天有蚕茧时再用绢还款。后来不但不贷款给农民，反而强迫农民纳绢。这些都可说是两税制的附加税，对农民来说是一笔莫大的负担。

宋代商业盛行，政府也逐渐改变政策，以征收消费税来加强政府财政。消费税的主要对象是商人。增设消费税，可以说是一种商业统制。统制的对象是茶、盐、明矾、酒、香料、药品等人民日常必需品以及从国外输入的奢侈品。这些商品专卖所得的利润跟一般商品所课赋的商税是宋代最重要的财源。专卖品中，最重要的财源是盐。盐的专卖从两千年前的汉武帝时开始实施，后来时停时复，没有一定的规制，从唐朝中叶（8世纪中叶）起再度实施。从那时到现在，大约持续实施了一千三百年。

盐是人们生活中不可或缺的必需品。实施盐的专卖，是因为中国海岸线短，产盐地除了特殊的内陆地区外，大都只在海岸。因而只要在特殊的地方设监察机构就可以取缔私盐。

从唐代实施盐的专卖以后，盐价就迅速上升。专卖前，盐一斤两钱，专卖后却为五十五钱，甚至上涨到七十四钱，比专卖前约涨三十七倍。

总之，盐的专卖价格是生产费的几十倍，有时甚至是一百倍。国家财政艰苦时，财政上的不足就转嫁到盐价上。

在宋代，一斤原价五钱的盐常卖到三四十钱，有时还达一百钱。但大体说来，还算相当便宜，这是因为宋代政治比较健全。宋代盐的专卖收入到底占国家岁入的百分之几，无法得知。在南宋时期，似乎占岁入的一半，由此也可知盐的专卖收入对国家财政具有极重要的地位。

盐是人民的必需品，因此，盐价高，下层社会就会觉得负担沉重。若有便宜的盐当然会立刻购入，于是就出现了私贩食盐的人。他们只要以政府公定价格的一半发卖，就可获得莫大利益。政府的盐价越高，私贩便越多，私贩越多，政府的收入就相对减少。于是政府设严厉的盐法，严禁私贩食盐，凡犯盐法的大都处以死刑。但是因为贩盐获利甚多，取缔也不见得有多大效果。

取缔严格，私贩者为了跟它对抗，便聚众成党，创制了严密的贩卖网，甚至结成秘密会社。有时候，私贩食盐者还带着武器，率领数百人的部队，一旦跟政府军队冲突，就立刻拥兵对抗。这些人宋代称为盐徒、盐贼，清代称为盐枭。

一般说来，私盐比官盐质佳，因此颇得一般民众的欢迎，从而消极抵抗昂贵的官盐。宋代以后的叛变常跟盐徒有关。他们大都有严密的地下组织，因此经常一地叛乱，立刻波及全国。

王安石的财政措施

宋代自仁宗以后，由于跟西夏作战，军队激增，由太祖时候的十九万增加到八十二万，若加上地方的厢军，就有一百多万。军队的增加导致了军费的激增，军费约占国家财政的八成，到仁宗时，国家财政已经出现赤字。国家为了增加收入，只好利用各种名义向人民苛敛诛求，以致造成社会的不安，叛乱时时发生。因此，社会经济的改革已刻不容缓。

仁宗时，范仲淹等人的改革大都集中在吏治方面。神宗时，王安石才进一步实施社会经济方面的革新，以得富国之实。

王安石，抚州临川人，唐宋古文八大家之一。仁宗晚年，他曾上《万言书》，主张按先王法制之理想，实施大改革，以变革天下人心。神宗时任翰林学士，时时透过对天子的进讲，把自己的改革意见传达给神宗，很得神宗赞同。公元 1068 年，任宰相，开始推行新政。

他首先设立天子直属的制置三司条例司，审议预算，整理财政。在三司条例司中，最先实施的是均输法。当时中央政府所需要的物资都由东南及其他地方运来，种类跟数量都有一定。但是政府需要的物资随年而变，因此各地运来的物资，若非政府所需，就以极低价格卖给商人，另以极高价格向商人购买政府需要的东西。在国家财政来说，这是很不合理的现象。从百姓方面来看，应该纳给政府的东西，无论如何都须缴纳，有时还用高价购买商人以低价在京师向政府买来的物资。这种现象，对政府与人民而言，都是不利的；中盘商人却赢得巨利。王安石为了解除这种现象，实施汉武帝实行过的均输法。首先由三司每年决定中央所需物资，而后将所需物资的种类跟数量报告扬州的发运司，让他们如数供应中央。扬州是长江与运河的交会点，发运司设在此地，以便把东南地方的税收送到中央。

发运司根据三司的命令，在靠近京师、产量最丰的地方筹办中央所需物资。人民也不必购买自己居住地所不生产的东西，只需缴纳自己居住地产量最丰的物品就可以了。如果中央政府不需要这些东西，发运司便把它运到需要的地方发卖，国家也可以获得一些利益。

实行均输法时，最受打击的就是以前获得巨利的御用商人。按当时的法律，官吏是不能经商的。实际上，他们常利用自己的地位，借亲戚朋友的名义经商，或与御用商人勾结，收取贿赂。均输法实施后，官僚们就借口政府与民争利，反对新法。但因王安石甚得神宗信任，反对意见根本无法奏效。

继均输法之后实施的是青苗法。农民在插秧前，若粮食与种子缺乏，常向地主借贷钱谷，以应急需。利率为六七成，有时甚至高达百分之百。因此，收获所得几乎全部作为偿还借款之用，自耕农就渐渐没落为佃农。青苗法的用意便在保护这些自耕农。首将一年分为两期，插秧时想借钱跟米谷的人，可向县的常平仓借贷，不需要抵押，但是，十家必须组成一个团体，以负连带责任。一般来说，大都贷款给农民，收获时再由农民用谷抵还。这是因为政府每年需要巨额的军粮。抵还时，若谷价高，可用钱偿还，这时所取利息不超过二成。

这种新经济政策对乡间的地主打击甚大。在这以前，地主常以高利贷款给农民，青苗法实施后，地主要贷款可就不容易了。因此地主和官吏（官吏还乡后也是地主）反对最激烈。

青苗法主要以农民为对象，市易法则以商人为对象。当时的大都市里，工商业的公会很发达，公会除了筹办政府所需物资外，还可获得营业的独占权。公会常被两三位大商人垄断。公会里的小商人都向大商人借高利率的资金，从事商业。因此，利润的大部分都被大商人榨取。此外，大商人多从事批售业务，有大仓库。小商人从地方运来物资时，他们便利用小商人的弱点，讨价还价，收购物资。小商人因怕亏损，就不肯再运货了。这样，在产地，货品滞销；在消费地，因货品不足，物价高涨，大商人因而赢得巨利。生产者与搬运者却无利润可获，工商业因而沉滞。

要使商品流通舒畅，产业兴盛，就需解除小商人受到的大商人的控制，贷予资金。于是，国家在主要城市设"市易务"，收买小商人销售不出去的货品，或者以这些货品做抵押，贷款给他们。利率一期收一成，一年收二成，在限期内不还钱，每月罚款。

反对者认为市易法是政府的商业行为，而予严厉批评。大商人也跟旧党官僚合作，极力游说后宫，使王安石不能安于位，不得不辞职而去。

宋代，司掌中央财政的是相当于现在财政部的三司。宋代的独裁政治，亦因财政的中央集权而成立。因此，三司的权力自然越来越大，三司的首长三司使，权同宰相。

唐以前的国家财政有中央与地方之别。中央政府只处理所谓"上供"。这就是说，国家把税收中的某些部分留给地方，由其自行支配，其余的运输中央。这些运到中央的税款称为"上供"；留给各州支配的称为"留州"。各州编制的预算，每年需报告中央政府。

可是，从五代以后，财政的中央集权逐步推展；到宋代，地方财政都被编入中央。因此，地方需受中央的干涉，独裁政治的弊端也逐渐显现在地方行政上。譬如饥馑的时候，若一切措施都须等待中央的命令，就无法即时救灾济民。结果，流民大量出现，叛乱时时发生。

王安石为了纠正财政的极端中央集权，使地方财政得以独立，遂于各路置"提举常平官"，令其掌管常平仓、义仓、免役法、市易法、水利等新经济政策。而且常平仓等不归三司管辖，而由司农寺掌理，目的在于确立地方财政的独立权，免受中央控制。

　　常平仓的主要作用是调节物价。谷贱时，高价向民收购；谷价昂贵时，平价抛售。此外，还具有饥馑时救济人民的作用。这制度，宋初便已存在，地方也可借此获得一些法令外的收入。但是，后来由于事务繁杂，逐渐搁置，到王安石主政时，几乎可以说已经废而不用了。王安石推行新政时，才再度恢复作业。青苗法便是利用常平仓的贱谷来推行的。因此，常平仓的活动逐渐频繁，所得都用在地方财政上。王安石还把新经济政策实施时所得的收入全划归地方所有，地方财源逐渐丰裕。王安石新法能获某种程度的成效，地方财政的独立具有相当大的作用。

王安石的军政措施

　　王安石掌政后，除了财政改革之外，还实施军事、政治、教育各方面的改革。军事跟政治的改革，主要在于加强军事力量，压制胥吏的跋扈。

　　中国从唐玄宗时起，废除选民为兵的府兵制，改行募兵制。这制度也可说是佣兵制。起初，在训练方面，还很严格，素质也不坏。但是，要淘汰老兵很不容易，所以军队的素质就一天比一天差，军纪也逐渐混乱，军队几乎成了无赖汉的团体。宋代的军队更是如此，当时流行着一句谚语："好铁不打钉，好男不当兵。"这正显示出宋人对军队的厌恶感。

　　当时，辽跟西夏的战争方兴未艾，宋所需军队已经突破了一百万，对财政的压力甚大。如果要当时财政的革新能有所成，必须先整顿军队。王安石认为要实施军事改革，必须废除佣兵制，实施唐前期的府兵制，才会有所成。其实，在宋代，河北、山西、陕西等跟辽、夏接近的地区都有民兵组织。这些大都是由政府强制征调，与禁军同任边境警备任务的。这些民兵往往比禁军更有用，因此，王安石想培育这样的民兵，以便逐渐取代禁军，恢复往昔兵农一致的制度。

　　于是，他首先推行保甲法。以十家为一保，五十家为一大保，五百家为一都保，各任首长管理。起先只让他们承担"警察"业务，后来就在农闲时施以军事训练，轮流在官衙服勤，担任追捕盗贼的工作。保甲法先实施于开封府，而后推广到跟辽、夏交接的河北、山西、陕西等地以及邻接安南的两广一带。禁军因老死缺员的时候，都不补充，将其经费挪用到保甲。于是，保甲法实施的范围逐渐扩大。

保甲法也遭受旧党攻击。如果保甲法获得成功，政府就可免除庞大的军费，因而也可以停止茶、盐等专卖制度，让人民在经济上可以喘一口气。独裁政治所伴随的各种弊端自然会消失。

农村的有力人士常按其财产的多寡，轮流到官衙工作，担任征租、管租跟捕盗的自治职务，这就是所谓"差役"。

在唐代，这种自治职务因是名誉上的工作，所以很受尊重，而且可以免除兵役，一般人都希望做这种工作。但是，到宋代，由于实施财政的中央集权，地方的负担相当沉重。农村有力人士的负担也逐渐增加，除征租与管租之外，有时还要把租米运送到中央或边境。如果保管的租米腐败或被盗，必须偿还；运送途中，若船沉没，全家将陷入没落的悲境。以前作为荣誉象征的职位，现在却成痛苦的差事，没有人愿意再干了。

宋代，做过官的家庭叫官户，享有种种特权，其特权之一就是免差役。官吏逐渐增加，负差役义务的户就逐渐减少，担当差役者的负担自然越来越沉重。若官吏滞缴租税，担任差役的人也因其地位不敢催缴，只得用自己的米谷代缴。因此，农村有力人士为了逃避差役，纷纷聚集到都市，可担当差役的人越来越少。跟西夏发生战争后，这种现象越来越严重，改革之声也越来越强烈。为了拯救农村的困穷，王安石中止了差役法，改行募役法。按募役法，以前担任差役的农家，只要出免役钱，就可免除差役；以前免差役的官吏、寺院、商人等也需出半额的免役钱，称为"助役钱"，政府用这些钱雇人担任差役。

王安石的这种做法，不仅限制了官户的特权，也想借此解除农民所受差役的束缚。但这项新法因侵犯了官户的特权，自然会遭受保守性较浓的旧党攻击。

除了上述改革之外，王安石还想做政治上的革新。宋时，胥吏的专横极为明显，王安石的改革若要有所成，就须先革除胥吏政治的弊端。胥吏通常是不支给薪俸的，他们为了生活，经常利用官衙的权威，擅自向人民征收手续费。

当时，西边的租米都由四道河川送入开封，开封内河川的终点都设有仓库，以便接受租米，或支付军人与官吏的禄米。这些仓库称为"河仓"，在这里服勤的胥吏因无报酬，常做坏事，甚至军粮也常被扣下三四成。王安石为禁止这些河仓胥吏做坏事而实施的刑法就是仓法（河仓法）。首先，由政府支给胥吏足以维持生活的薪俸，如果他们还有不合法的行为，则不按普通刑法处置，而用较重的仓法处罚。仓法后来也适用于中央官衙的胥吏跟地方掌理司法与经济的胥吏。

要实施仓法，需要许多财源，王安石是用酒税及其他新经济政策所得的收入充当仓法的财源。州县的胥吏每月支给最低三千五百文的薪俸。当时，穷官吏每天只需几十文就足以维生。由此看来，胥吏的薪俸已经足够维持生活了。王安石的新经济政策能够获得某种程度的成果，仓法的实施是一个很重要的因素。王安石实施仓法，目的不止在于革除胥吏政治的弊端，还想进一步培养官吏的处事能力，使官吏与胥吏能合而为一。

北宋党争

王安石改革，曾获相当成果。熙宁七年（1074年），他不顾神宗的恳请，隐退于现在的南京。王安石在位时，最让他苦恼的就是部属的控御。新党内部分成许多派系，彼此斗争。因此，王安石退休后第二年，为了解决新党内部的争执，神宗再邀王安石入朝为相。党内纠纷解决后，王安石再度引退。神宗在熙宁之后的元丰年间依然按照王安石的改革方案施政。神宗在位十九年，三十八岁（1085年）去世。哲宗即位，年仅十岁，由祖母（神宗之母）宣仁太后摄政。宣仁太后向来很不喜欢神宗的做法，因此，神宗去世后，政情就立刻改变。王安石的新法当然会侵害到许多特权阶级的利益，他们也许就因此暗地向太后活动。太后摄政之初并无意停止新法。但是，对新法的指责越来越激烈。受此刺激，太后便认为要安定人心，就不能再任由年轻政治家搞下去，于是把以前反对王安石新法而被罢黜的元老召回朝廷，让他们掌理朝政。但文彦博、吕公著、司马光等元老，这时年纪都已经相当大了。

当时，新党以章惇跟蔡确为代表。新旧两党发生激烈的冲突，政局相当不稳。过不久，旧党利用太后的权威镇压新党，并全面废除新法，改年号为元祐，表示政归仁宗嘉祐之初。新党内部有王安石这位领导人物，政策也集中在王安石的改革方案上。旧党却没有这些施政方案，也没有足以领导群伦的人物，只是因反对新法自然集聚组成的。当废除新法、按嘉祐政治方针施政的政策通告全国时，地方官都茫然不知所从，时时请示中央。中央也不能做充分解释，使旧党权威大为失落。

王安石在位时，对政敌极其宽大。在宋代，功成名就的大臣通常都退离中央，做地方官，以娱晚年。王安石的前辈欧阳修跟韩琦等人都殁于地方官任所，这并无左迁的意思。反对王安石政策最激烈的司马光，也在洛阳备受优待，所以能够编纂《资治通鉴》。反抗政府命令而被免职的官吏通常都可就任闲职，给予恩赐，使他们得以无忧地度过晚年。王安石对待政敌通常都采用这种方式。

司马光任宰相以后，接连废除新法。当他要废除募役法的时候，却引起了大论战。其他新法即使废除，没有替代的方案，也还行得通。役法却不能如此。司马光认为一切都需恢复神宗以前旧态，所以在役法方面也想恢复仁宗时代的差役法。此前一直容忍的新党领袖章惇，这时终于忍耐不住，在太后跟司马光面前大力反对。王安石实施募役法之前，曾一再跟神宗讨论，直到认为不会有问题的时候才付诸实施。实施时大致也能按计划进行。司马光掌政时，旧党内部也有人认为募役法可以不必改变，按原来方案实施。但是，司马光不肯听。为废除募役法，他曾上奏两次，陈述他的理由。第一次上奏时，他认为募役法对富人、穷人都不利，但隔十多天再上奏时，他认为募役法只对富人有利，对穷人却极不利，前后矛盾。章惇抓住这一点，指责司马光："从嘉祐年间到现在已过了二十年，在这期间，人民贫富的等级跟服役的人数应有极大的差异。若不考虑这些，只一味按嘉祐之法实行差役法，百姓将无所适从。如果要改行差役法，也应该充分研究之后才付诸实施。"司马光对章惇的驳斥无法回答。

于是，旧党官吏聚众弹劾章惇，认为他在太后之前言无忌惮，大为不敬。在这以前，凡是被弹劾的人照例是提出辞呈，但章惇自认为自己说的并没有错，为什么要提出辞呈，于是甘愿受罚。最后终因寡不敌众，被降任为地方官。

差役法恢复后，州县不知所措，只得一再请示中央。中央又没有一套方案可以指示地方官。这时，王安石远在南京，静听中央的议论，而于 1086 年去世。司马光也因役法问题无法解决，苦恼不已，不久之后也去世了。

　　自司马光与王安石去世后，新旧党争逐渐流于意气之争，而以报复为能事，终于导致北宋的沦亡。

宋代的工商业

五代是各国割据的时代，每个国家都在奖励人民从事适合自己国土的工商业。因此，各国都有自己的特产品，工商业的发展也比以前迅速，中国终于进入了商品经济的时代。

各地的工商业会这样发达，主要是销路扩大的缘故。消费增加虽然有许多原因，但以唐末的兵农分离影响为最大。兵农分离以后，军队都是靠募集而来的。这些募集而来的军队已经不事生产，而成为消费阶层的人。增加征募军队的人数，就需增加管理他们的官吏跟书吏，于是商人也就增加了。在这种情况下，中国内部就形成了新的纯粹消费者。消费阶层的扩大，不仅刺激了工商业的发达，也使它的发展更为迅速。可是，五代是一个分裂的时代，每个国家都征收关税，这不仅妨害商品的流通，也限制了商业的发展。若要扩大商品的销路，就必须消灭各国间的国境，使全中国统一起来。五代的时候，有意统一天下的君主跟商人在这方面的意见是相同的。到宋代统一天下，和平时机到来的时候，五代时刚萌芽的工商业就迅速发展，销路也扩大。对外贸易的繁荣更助长了这种趋向。当时，许多西方的商队越过沙漠，到宋朝来收购绢、陶器跟其他物品。福建的泉州、广东的广州、浙江的明州（宁波）有许多阿拉伯、日本跟高丽的商船停泊。

由于对外贸易的繁荣，宋朝的物产大量输出，外国的物资也尽量输入，物资的流动非常频繁，商业自然而然就发展起来。于是，运河沿岸跟工商业的中心地便如雨后春笋般形成了许多大都市。工业的发展跟商业的殷盛，扩大了人力的需求，提供了工作的场所，因此失业的人相对减少，甚至可以说很少人失业。这样，不仅使国家财政维持了一段相当长的好景，也促成了宋代文化的发展。

造成宋代工商业发展最重要的因素是铁生产量的增加跟分工制度的形成。中国从唐末开始，就知道用焦煤炼铁，所以能够生产大量的铁器。铁制农具也因生产数量增加，价格便宜，对增加农产品有很大的帮助。在北宋中叶，铁的生产量已达一千万斤，大约等于现在的六千吨。就现在的标准来说，虽然不算多，但在当时已经是很了不起的了。铜也跟铁一样，因为冶炼技术的进步，产量极丰，约有一千五百万斤。但铜铁在此后的生产中不曾再继续上升，因为铜几乎全用在铸造铜币上，并把它作为商业上的资金。商业发展的结果是铜钱不够用，于是把三分之一的铁铸成"钱"，作为铜钱的代用品；另外三分之一的铁则用在制铜上；其余的，有些用在制造武器上。铁跟煤无法运用在制造机器上，是中国不能像英国那样产生工业革命的原因之一。

从唐末开始，兵农已经分离，到宋代，文官和武官也严格划分。这种社会分化的现象也影响到工业的分工。从宋朝以后，由于商业的发展，工业生产品已经成为商品。商品的增加又造成了商品的竞争，于是改良商品品质便成为当时商人的普遍要求。品质的改良则造成生产方面的分工。在宋代，无论是工业或商业，分工都已相当明晰。譬如制陶业，从采土到造型、上色、烧制都各有专司，非由少数人制成。总而言之，在宋代，由于工商业分工细密，使工作人员都能从事适合自己个性的工作，也能自由发挥自己的才干，因而产生了跟以前不同的新社会和新文化。

宋代的技艺

中国从宋代以后，由于工商业的发展，技艺方面的进步相当惊人，尤其在火药、罗盘针、印刷术方面进步最明显，影响也相当大。

据说，从很早以前，中国就发明了用硝酸钾、硫黄跟木炭制成的黑色火药。唐初道士的著作说，那是用来炼丹跟炼金的。唐末（10世纪初），火药被当作武器用在战场上。到宋代，火药逐渐发展，而制造出各种形式的火器。最早的火药是燃烧性的，爆炸性的火药要到12世纪中叶的"采石矶之战"才由宋军用在对抗金兵上。当时的炸弹是把火药装在纸制的容器内，威力并不很大。13世纪初，火药装在铁制容器里以后，它的威力才增大。在火药的发展历史上，最重要的是发射火药的筒形器具的发明。在这以前，是把火药装在容器上点火，然后用手或抛石器投掷到敌人阵地上，命中率并不高；到使用筒形火器，命中率才提高。开始制造筒形火器是在南宋初期（12世纪前半叶），最先是用木头跟竹子制造，到元末才用铜铁制造，这可以说是火器的大革命。13世纪时，中国火药传到欧洲，但是，欧洲人要到14世纪前半叶才开始制造火药，约晚中国三百年。

在没有罗盘针以前，航海是靠太阳跟星星来导引航向，下雨天看不见太阳跟星星的时候，就无法稳定航向。因此导航器材的发明是迫切需要的。早在北宋末期（11世纪到12世纪），中国已经把罗盘针用在航海上，北宋末朱彧的《萍洲可谈》曾谈到这件事。所以我们可以说中国人是最早把罗盘针用在航海上的，因为阿拉伯人跟欧洲人要到13世纪以后才把罗盘针用在航海上。自罗盘针用在航海上以后，海上的交通安全了。中国跟印度、阿拉伯地区的贸易更频繁，物资的交换更活跃，文化上的相互影响也越来越大，甚至可以说间接促成了哥伦布的发现新大陆。

除了上述的火药跟罗盘针的发展以外，印刷术到宋代也发展得非常迅速。唐中叶以前的书籍都是手抄的。印刷术在唐朝虽然已开始使用，但都用在翻刻佛书、辞典跟历书上；到五代、宋初（10世纪），才应用到儒家经典与一般书籍的印刷上。起先是由天子命令国子监出版，所以校对精密，形式美观。这类宋版书还流传到今日。后来印刷术逐渐普及，地方官衙跟书院也开始印书出版。当时，应考科举的人渐多，这一类参考书也应运而生。书店为谋利而大量出书，误字脱字、文字模糊的情形越来越严重。这类粗制滥造的版本一般称为"麻沙本"，因为从南宋以后，福建北部的麻沙镇以出版书籍著称，但"麻沙本"却是坏书的代名词。此外，宋朝的读书人喜欢收藏书，也喜欢印自己的著作送人，因此更助长了印刷术的发展。

宋版书中，以木版最精美，不仅文字印得美丽，就是绘画也印得很漂亮。11世纪中叶（北宋中期），中国还发明了活字版，据说是毕昇发明的，但在当时并不很流行。总之，中国在11世纪中叶，印刷已经十分流行，市面上书籍充斥。欧洲在15世纪中叶才发明活字版。从这一点看来，在印刷术方面，中国几乎领先了欧洲四百年。

从11世纪到14世纪这段时间，中国已经发明泥型、木型、铜型的活字，而且把它用在实际出版上。但因使用不如木刻方便，所以始终无法取代木刻印刷。

宋代的茶

　　宋代由于生产技术的进步，制陶业跟其他工业都发展得非常迅速。茶的生产量激增，种类繁多，达数百种。茶的发展不仅对中国财政、外交与文化有极大贡献，对中国边疆民族的经济跟文化也影响甚大。

　　茶的原产地在靠近云南的印度阿萨姆。在很早以前，印度茶树就已传到四川，而后从四川沿着长江传入长江下游。汉代的人已经知道茶。三国吴的时候，开始喝茶。六朝时，喝茶的习惯已逐渐普及于江南一带。入隋唐之后，这习惯也逐渐传入北方。到唐代中叶（8世纪中叶），中国全土都染上了喝茶的习惯，于是有《茶经》（陆羽著）出现。制茶业在五代时发展最迅速，南唐、吴越等国，制茶业鼎盛。宋统一中国以后，商业流通的阻碍去除，茶叶推销网大为扩张。宋朝于是设立了茶叶的专卖制度。这是因为茶的需求不仅在中国内地逐渐增大，就是边疆民族，需茶量也日增。

　　喝茶的习惯从唐时开始已逐渐传入吐蕃等地，而产生了所谓茶马贸易。宋代，契丹、西夏、女真、西蕃等都染上喝茶习惯，几乎不可一日无茶。因为这些民族都是游牧民族，平时以肉类跟乳酪为主食，需要茶补充维生素 C。茶的种植也于宋时由日僧荣西传入日本。

　　契丹等边疆民族为了从中原获得茶叶，常用马来交换，因而产生了中原与边疆民族间的茶马贸易。

　　由于茶叶推销网的扩大，宋代乃实施茶的专卖制度。这对宋的财政贡献极大。宋实施茶专卖制有三个目的。第一是外族需茶殷切，宋方需马孔急。为得军马，为怀柔外族，须先管制茶，有益而无害。第二，跟盐的专卖一样，中央政府可借茶的专卖来丰富国家的财源。第三，准许河北、山西、陕西等边境商人贩卖茶叶，缴纳军需品，可充实国防。宋代为防契丹、西夏，常置重兵于北方及西北方，军粮所需甚多，若征民从江南运粮，费时且伤农事，因此才让商人卖茶纳粮。

宋代的开封

自南北朝以来，江南的开发极为迅速，其重要性已有凌驾黄河流域之势，但是，南方的开发大致以江苏跟浙江达最高峰。隋炀帝开凿的大运河比以前更形重要，把北方的政治跟南方的经济连接起来。但是，自唐朝中期以来，古都长安和洛阳却一再遭到安史之乱、黄巢起义等的影响，渐趋没落。为防御北方民族的入侵，在政治上，华北仍不失其重要性，而居南北交通要道的开封也越来越重要。

开封位于黄河大平原的中心，是四通八达之地，从唐朝中期以来就显得举足轻重，颇有影响大局之势。凡是占据开封的军人，对唐室便有很大的政治影响力。公元 907 年，朱温篡唐，就定都于此。五代五十余年中，除后唐之外，其他三代都继后梁定都开封。英年早逝的后周世宗曾在开封四周构筑广大的外城，作为统一全国后定都于此的准备。这一愿望后来由他的部下赵匡胤（宋太祖）替他完成了。宋太祖因历朝建都的传统与畏惧水灾，曾经有意建都洛阳，但是在统一全国的地利上，洛阳不如开封。再加上新开若干往东、南的运河，物资汇集，人口增加，因此宋太宗统一全国以后，便改汴州（开封）为汴京，成为宋代的首都。

宋代的开封有三重城墙，宫城周围 2.5 千米，内城 10 千米，外城 26 千米。外城比其他城市约大一倍，高与厚达 10 米以上，筑城的泥土是从郑州运来的。外城的内外都为防火人员留下 5 米的空间，城上设有最新式的防敌设备。城外有"护龙河"，岸上植着杨柳，跟朱红的城门成一美丽的对照。宫城有六个城门，内城有九个，外城有十二个。此外，内外城四面都有一两个为运河而开的水门，可以坐小舟从运河直入城中心。每年靠大运河（汴河，由外城东南方经内城流向外城西边）从江南运来了六百万石的米。从外城到虹桥（距城东南部 3000 米处），两岸遍设码头跟仓库。放税米的仓库又细分为粳、糯、麦、豆、粟，鳞次栉比。在这里工作的人，据说有两三万。跟大运河比起来，五丈河（广济河，在内城外的北边）、蔡河（惠民河，在内城外的南方）、金水河（在内城外的西北方）规模要小得多，但都备有码头跟仓库。

内城跟外城共分八个厢，八厢又分为一百三十坊。城中对治安与防火非常注意，入夜后，隔几百米就设一个五人驻扎的警卫所。城里处处都建瞭望楼，以便迅速知道火灾的发生地点。八厢的大小跟内部情形都不同，大抵说来，东边与南边最热闹，一般人民大都住在外城。

唐以前，坊的四周都有土墙，坊门白天才开，入夜就关闭。到宋以后，土墙不见了，都市区划的坊之入口处只有写着坊名的牌楼。商店也跟唐以前不一样，没有划定特别的商业区域。入夜，街上仍然热闹非凡，这充分显示出宋代的开封是属于庶民的。

宋代的都市

　　唐代以前的都市，不论长安还是洛阳，都是政治都市，住在这里的主要是军人跟官吏。为了供给他们粮食，必须从长江下游的谷仓地带用船只把稻米运送到这里来。水运非常发达，运河沿岸也因此形成了一些大都市。汴京、扬州、苏州、杭州等都市便是靠运河发达起来的。四川的成都（当时叫益州）也非常繁荣。在这些都市当中，位于长江跟运河交叉点的扬州发展最为迅速，有所谓"扬一益二"的说法。"扬"是指扬州，"扬一"的意思是说，扬州是天下第一大都市。"益"是指益州，"益二"是说，益州是仅次于扬州的天下第二大都市。从唐末到宋代，已经有许多日本商船出现在扬州。也有许多波斯人跟阿拉伯人到扬州来贸易，并且在这里建房子居住下来。

　　宋代的都市形态已经变化了许多，而且逐渐从以前的政治都市转变为工商业都市。这种转变最明显的就是坊制的破坏。

　　在唐代以前，首都长安固不必说，就是一般都市，城内都分成许多用土墙环绕的坊。城内居民都须从特定的门出入，到了晚上，就不许居民从坊内出外。商业只限定在城里特定的"市"进行，其他地方不许人民行商。因此，坊可以说是一个小城镇，它成立的目的主要在于维持治安。

　　可是，到了宋代，因为交易频繁的关系，情况已经完全不同了。除了城里的市以外，其他地方已有许多简陋的市场成立，供人们自由交易。这种市场叫作"草市"。草市的成立可以说是坊制崩溃的主要原因。不仅城里，就是乡村，也有许多草市形成，而且非常繁荣。人们来往频仍的大都市的城门外，更是适合草市发展的场所。

因为城门一到黄昏就要关起来，为了远道而来的商人的需要，首先在城门外建立了旅馆，接着又建立了饮食店跟娱乐场所。城门外就慢慢繁荣起来，商店林立。这些城外的新生地带逐渐扩充势力到城里，于是城里的大路边纷纷开设了商店，接着城内的每一条马路上也都开设了商店。这样一来，坊墙等于名存实亡，最后都被铲平了。这种变化在 11 世纪初，也就是在宋仁宗的时候最为明显。

北宋的“瓦子”

　　11 世纪中叶，北宋首都汴京（开封），以宫城为中心，绕以三重的外廓，其中约有人口一百万。内城的东南方有桑家瓦子、中瓦子、里瓦子。所谓瓦子就是游乐街。这三个瓦子有大小五十多个演戏场。中瓦子的莲花棚、牡丹棚，里瓦子的夜叉棚、象棚等据说可以容纳几千人。汴京的瓦子不止这三个，还有西瓦子及其他三个地方。在这些瓦子里有各种以一般民众为对象的戏剧在竞演。除杂剧、傀儡戏、影戏、诸宫调、说话、讲史、合生之外，还有小唱、舞蹈、猜谜、杂耍等。杂剧据说每天五更（早上三至五点）时开演。

　　上述是根据孟元老的《东京梦华录》而来的。从这些演戏项目之多，已经可以看出北宋经济的繁荣与商人势力的抬头。这些瓦子也替后来的戏曲与小说建立了基础。当时替这些演戏者写剧本的，大都是没落的读书人。他们还组织了“书会”。“书会”是这些写剧本的人的“基尔特”（公会）。

宋代的书与画

宋代文化已由以前的贵族文化转化为士大夫文化，在书法跟绘画方面也有这种趋势。

书法在唐以前已经很受重视，被认为是必要的修养之一。在这一点上，宋以后也一样。但是书法的理论却有很大的变化。六朝到唐的书法重均衡跟安定。字体却随时代而不同，名家一出，群相模拟，逐渐丧失了个性的表现。但是到了宋代，书法却以表现其人的个性为主。这并不是说他们不需要学古人的笔迹，至少在应举前他们必须按照规定形式模拟范本，否则科举不能通过。过后，他们便可以创造出含有自己个性的书法风格，有的极不安定，有的很不均衡，颇接近20世纪流行的抽象艺术。

跟书法一样，绘画也是士大夫所需要的修养之一。古代，绘画本是画工（也是一种职业）所学的一种技术，所以绘画技术是师徒相传的。唐宋以前古墓中画工所画的壁画，构图大致相同，技巧也相类，而且分布极广，相沿的时间也极长。另一方面，从六朝时候开始，非职业性的画家也开始作画，最初似乎以僧侣占大多数。这些非职业性的画家因不受师傅的拘束，大都可以自由作画，不拘格式，反而逐渐成为美术家，受到社会的尊敬，而不被认为是画工。到宋代，士大夫阶层成立后，非职业人所画的画更受重视，被称为"士大夫画"。"士大夫画"在技巧上也许不如职业画家，但其学养往往表现在画上，因此，他们的画大都具有职业画家不易获得的气韵。绘画本来是把诗歌表现为形象的，没有独特诗境的人，便很难绘出上品的画。学养丰富的士大夫胸中蕴藉着丰富的作诗材料，把这些表现在画上，气韵当然特别生动。这是一般职业画家赶不上的。

从绘画技巧（就山水画而言）来说，"士大夫画"有北宗与南宗。北宗保存着古老传统的职业画技巧，喜欢用金碧绘具，配置金殿玉楼，描绘岩石所表现的庄严景致。唐朝李思训、李昭代父子是其代表，宋以后仍然存在。这派画家为描绘岩石跟石头，发明了"大斧劈"、"小斧劈"这类皴法，也就是用尖锐的直线立体地描绘山与岩。南宗据说始于唐诗人王维，一般所说的士大夫画便是指这一派的绘画。这一派可以说是自然主义派，喜欢把原本的景色、原本的人生表现在画里，不太讲究构图，重视率意作画。

金世宗的治世

在金海陵王完颜亮伐南宋的时候，金内部反海陵王的大臣拥立了金世宗。世宗即位后，先定都燕京，平定热河一带契丹的叛乱，而后与南宋谋和，终于签订了和约。根据这条约，宋主称金主为叔父，改岁贡为岁币，银、绢由各二十五万减为二十万，由绍兴和议后的君臣关系改为对等的关系。

金世宗跟南宋讲和后，就锐意改革内政。他即位时，离金建国只五十年，但女真已醉心中原文化，改变了生活方式，逐渐沉溺于奢侈生活，原有的淳朴风气逐渐消失。女真人也因汉化而逐渐贫困。金朝为统治广大中原，曾按"猛安"、"谋克"的原有军制将女真人迁移入中原，让他们在中原过着与汉人不同系统的村落生活。每三百户编为一谋克（谋克意为乡邑），十谋克为一猛安（猛安的意思是千），其长也称谋克、猛安。战时每一谋克出兵一百。

猛安、谋克迁移华北之后，杂居于汉人之中，难免要受汉人的影响。尤其是海陵王的南征、契丹的反叛、南宋军队的入侵，使他们的经济生活受到极大的打击，生活因而愈来愈穷困。

为了救济这些移住华北的女真人，金世宗开始实施土地调查。把汉人耕种的金朝国有地、未纳税的民田或女真特权阶级非法占有的广大土地都没收充公，给予贫穷的女真人。结果，许多汉人祖传的土地也被没收充公，致使汉人跟女真人之间的恶感更为加深。

女真人外表上很有权威，但是却盲从汉人的生活，而流于懒惰浮荡，丧失了女真原有的质朴刚健的风俗。金世宗对此情形深为忧虑，因而一再训诫皇族跟臣属们，要他们发扬女真精神，不忘固有的风俗习惯。晚年，曾行幸女真的发祥地会宁府，停留一年，为的是追怀祖先大业，寻求淳美习俗，以为奖励的手段。据说当时金世宗曾跟皇族臣属宴请当地父老，于座上高唱女真歌，感极而泣。

世宗的复古主义逐渐制度化。为了要让女真人自觉为女真族，他认为最重要的就是教育。因此，他即位后几年就设立女真府学跟女真国子学，以便收纳女真人的子弟，用女真语教学。学子从府学升入国子学，毕业后，接受女真进士科的考试，及格者可任为高级官吏。此外，还任命进士及第的人担作女真学校的教员，实施女真人教育女真人的制度。为了保存女真语，又设立女真大学，用女真文字翻译《诗经》、《书经》、《论语》、《孟子》等典籍以及《新唐书》、《汉书》等史书，供女真人阅读。

金世宗非常害怕女真人会因醉心中国文化而忘了自己民族的语言跟文字，因此，他认为亲王府的官属都需以懂得女真语文为必要条件。此外，世宗为了不使女真人丧失女真族的固有精神，禁止女真人采用汉人的姓名、穿汉人的衣服，还把女真的姓赐给女真族以外的功勋者。

世宗这种回归女真的政策，也源于经济原因。猛安、谋克跟生活力旺盛的汉人为伍，互相竞争的时候，他们由于在政治上居统治地位，因此一旦贫穷便掠夺汉人土地。事实上，世宗本人就曾夺取汉人耕种的官田给予贫穷的女真人，因而造成了女真跟汉人的尖锐对立。由此可见，世宗的政策有其缺陷。何况女真人在耕种的生产力方面不如汉人，在经商能力方面也不能跟汉人比。女真人的土地虽然获得政府的保护，但是仍然无法跟汉人相争，几乎所有的土地都为汉人所有。住在中原、生活程度较低的女真人逐渐走向汉人的生活方式，这是自然的趋势。世宗尽管高声疾呼恢复女真精神，实施女真化制度，依然不能获得任何效果。

世宗被称为"小尧舜"。他励精图治，使金朝在他治世的二十九年间（1161 年至 1189 年）臻于全盛。但是，在他治世的末期，金朝已经显露了衰退的征兆。

马可·波罗看中国

　　宋朝对外虽然显得国力衰退，但是内部的发展却非常迅速，不仅政治上进入中央集权的时代，就是国内的工商业跟生产力也极其发达，都市逐渐形成。宋代的繁荣在亡国后仍然持续不断。关于这一点，我们只要看一看从西方来的马可·波罗的描写就可以知道了。

　　在 13 世纪末叶的欧洲国家中，除阿拉伯人统治下的西班牙以外，经济和文化最进步的地方是意大利，尤其是威尼斯跟热那亚。这些城邦都是以海为领土、以船为城郭的商业国家，还越过博斯普鲁斯海峡到黑海，并在沿岸设殖民市，以便从事东方贸易。但这些城邦都是小国。

　　在这种趋势下，威尼斯商人马可·波罗跟随他的父亲和叔父横穿亚洲大陆，到了元朝统治下的中国。当时，最叫他吃惊的是中国版图之宏大。他旅行东方二十五年（1271 年至 1295 年），在中国住了十七年。回国后，他常向朋友提起中国的情形，说到中国的土产总以百万计，因此赢得了"百万波罗"的绰号。其实，他说的大都没有错，绝不能说是吹牛。

　　据马可·波罗说，南宋故都临安（杭州）等都市，在宋朝灭亡后并没有衰落，反而因元朝的成立而与西亚更密切地结合，比以前更为繁荣。这些都市不仅是消费都市，而且是工业都市，尤其杭州更是以丝织品的产地而闻名。手工业主设立工厂，雇佣工人，从事纺织；有雇佣十人、十五人、二十人的，还有雇佣四十人的。这些雇主跟他的家人都不必亲自工作，而且过着王公般的奢华生活。制造出来的绢销售到印度跟西亚，并从这些地方输入香料、砂糖等。许多阿拉伯人、波斯人及基督徒住在这些中国城市里。

马可·波罗说，杭州人口有一百六十万。这估计也许不算过分。跟北宋首都开封一样，杭州人口至少已超过一百万。当时的欧洲还没有这样的大城市，都市人口达十万的都不多。虽然人口众多，未必可以说它的经济力已高度发达。但是都市外形的庞大仍需以某种程度的经济力为前提，不仅需要足以供养人口的农业生产，还要维持足以搬运物品的交通量。一年来往长江的帆船数，据马可·波罗估计有二百万艘。他还指出，中国商业繁荣的原因之一是交钞（纸币）的使用与方便。虽然交钞滥发会造成货币贬值、人民痛苦的现象，但如果它的价格能稳定，那就再方便不过了。

郑和与航海事业

郑和（三保太监）是云南昆阳人，祖籍西域，宋元年间迁来云南。他本姓马，赐姓为郑。

洪武十四年（1381年），他刚满十岁，便被征南将军傅友德俘获阉割，经过严格训练之后，做起了燕王的侍宦。他与燕王从小生活在一起，结成患难知己。他有强壮的体格、伟大的抱负、坚强的意志、恢宏的气魄，在三十五岁以前便出入戎马，为燕王建下了许多汗马功劳。

成祖（燕王）即帝位，国内的战事告一段落以后，他便被派出使海外，从事外交工作。他先后七次（实际上为八次）下西洋，六次都是在成祖时代。

他第一次出航是在成祖永乐三年六月十五日（1405年7月11日），此后经常过着海上生活。到了第六次出航时，他已经五十二岁了。成祖逝世那年（永乐二十二年，1424年），他还赴旧港宣抚，但史家并没有把这一次计在七次下西洋之内。

仁宗继位，下令停造海船，郑和的航海事业受挫，直到宣宗宣德五年（1430年）才奉命第七次出航。他总计出航共费二十八年，前后将近三十年。宣德八年（1433年），郑和逝世，享年六十三岁。

郑和每次出航所统率的名曰海上远征的武装舰队，人员编组完全沿依部队，编制有官校、旅军、火长、舵工、班工、班碇手、通事、办事、书算手、医士、铁锚、木舱、水手、民梢及军士等，非常严整完备。就出航的人数言，第一次是二万七千八百余人，第七次是二万七千五百五十人，其他各次亦都超过二万人。就出航的船只言，第一次大约有六十二艘，其余各次亦在六十艘左右。大船长四十四丈，宽十八丈，次级船长三十七丈，宽十五丈。每船约可搭乘四百人以上，可张十二帆。

他们第一次是在苏州的刘家港启碇，至福建五虎门，大概是为了等待东北风起，顺风顺水，约十天抵达占城新洲港，再转爪哇；经旧港、阿鲁、苏门答腊、锡兰，抵印度海岸一带。第二、三次及第六次均止于印度洋一带。第四、五、七次均到波斯湾、红海、阿拉伯沿海及非洲东海岸，游历约三十个国家。

郑和之所以率领这一支空前浩大的海上舰队到各国，主要任务有三。一是为追寻惠帝。洪武三十一年（1398年），明太祖驾崩，皇太孙于次年即位为惠帝，这使燕王非常不满。"靖难之役"后，他取得帝位，据说惠帝出亡海外，使他耿耿于怀，因此派郑和负责此一高度机密的政治任务。二是为扬威海外，以偿"率土之滨，莫非王土；率土之民，莫非王臣"的传统王朝观念。三是为发展海外贸易，因自宋元两代，即有番商前来中国互市。

郑和航海远征三十年，就个人而言他已成为南洋各国人民的崇敬对象。如爪哇（在今印度尼西亚）因郑和曾于阴历六月三十日抵达该地，迄今每年此日，人民都向三宝庙进香致敬。

至于他对国家民族以及南洋各国的贡献，更是卓越可佩。

一是国威远播。郑氏纵横海上三十年间，海外各国主动来华入贡的有五十余国之多。其间更有浡泥国王、满剌加国王、苏禄国王及古麻剌朗国王亲自率团前来中国朝贡。除了满剌加国王获得赏赐顺利回国以外，其余三位国王都因旅途劳顿死在中国。其中，浡泥国王麻那惹加率团入贡，曾受成祖赐宴，染病时又命医诊，频频慰问不已。他在临死时感动地说："我僻处荒徼，幸入朝，睹天子声光，即死无憾。死，又体魄托葬中华，不为夷鬼。所憾者，受天子深恩，生不能报，死诚有负。"时年二十八岁。从这些入贡的史实，不难看出当时我国威势的浩大，以及各国臣服的忠诚。

二是人文交流。郑和的三十年航海，给中华民族带来了一种很大的改造作用，使我们的民族因此开始认识海洋，而乐于尝试。尤其是船员们回来时，把在南洋所见所闻，如神话般讲给亲友们听时，无形中助长了他们移居南洋的动机。郑和本信伊斯兰教，南洋伊斯兰教盛行，他带回很多伊斯兰教的教义，助长了国内伊斯兰教的兴起。后来他信奉佛教，对佛教教义也有很大的贡献。南洋土著在这样的文化交流下，渐渐地趋向中国化。

三是发展造船。成祖时代是中国历史上造船事业的极盛时期。据说永乐元年至七年，各地奉诏所造的海船竟达一千六百三十二艘之多。他们克服了技术上的困难，发展了精密的造船技术和高度科学知识，这诚是一则人定胜天的表现。

读过西方史的人，无不咋舌外国航海家的伟大。可是我们得要知道，迪亚士仅抵好望角，哥伦布只发现新大陆，达·伽马也只横穿印度洋，而郑和的初次的航行，却比他们早了近一个世纪。

明代宦官王振

　　明代到宣宗时，宦官的权力逐渐膨胀。宣宗常让宦官誊写大臣的奏章，并给他们很大的权力。他们对内阁提出的议案有疑义时，常附意见书请皇帝裁决，其权力遂逐渐胀大。

　　根据明制，内阁虽拥有宰相之权，实质上，由于宦官可以修正宰相的决定，宦官的权力比内阁的权力要大得多。宦官的衙门叫作司礼监，它的首长叫掌印太监，次长则兼宦官特务机构——东厂的首长。因此内阁有缺员时，皇帝常征询宦官的意见，来决定人选。

　　明代宦官的权力到英宗时便极其强大。其关键人物是王振。王振是知识分子出身的宦官。明成祖的时候，为了教育内廷的女官，曾从知识分子中征求志愿自宫入内廷担任此一职务者。王振便是其中的一人。他担任宣宗太子（即其后的英宗）的教育工作。

　　宣宗去世以后，英宗年幼，由祖母张太后摄政。张太后是一位虔诚的佛教徒，经常去北京的功德寺朝拜，有一次在寺里停留了三天才回来。英宗跟随太后到庙里，后来把这事告诉了王振。王振想出一个办法，他让英宗告诉太后，为报太后大德，特打造佛像一座，欲安置在功德寺的后堂。太后大喜，并因此地有佛、有经，不宜就寝，而不再留宿。从这一点看来，王振是颇有机智的。

　　王振颇有才气，经常漠视内阁的意见。当时还健在的"三杨"之一杨士奇（杨士奇、杨荣、杨溥是宣宗时期的三大名臣，通称为"三杨"）

对此颇为气愤，向张太后指斥王振。于是太后把王振叫到大臣们的前面，命令女官砍他的头。在刀刃快到王振颈部的时候，英宗及大臣都替他求恕，才获赦免。其实这只是表演而已。

当时，福建发生了按察金事用杖打死驿官的事件。对于按察金事的处分问题，杨士奇跟杨溥发生争执，始终无法解决，遂请太后裁决。其实，这按察金事是杨士奇的同乡，被杀的驿官则是杨溥的同乡，两人的争执全是为维护同乡的人。明代，官吏们都非常重视自己跟故里的关系，以乡里为中心的派阀组织在明初已经逐渐形成。太后对二杨的争执极为困扰，乃让王振裁决。王振认为"人命比公务尊贵"，奏请将按察金事降职，太后按照王振的意见处理。

老迈的"三杨"，已经没有往日的精明锐利，徒使王振的声势一天一天高扬。之后由于王振的推荐，阁臣补充了一些年轻人，于是宦官的威势终于超过了内阁的权力。太后去世后，政治实权便掌握在王振的手里。

英宗七岁即位，但他不是宣宗皇后的亲生子，而是宫女所生，为宣宗皇后所夺，称为己生。王振或许曾参与此事，所以王振在英宗还是太子的时候便严加管教。英宗遇事就看王振的脸色，并称王振为老师。据说，王振常自称周公。有一段故事正可衬出自称周公的王振的威势。有一天，因奉天殿等三殿落成，宫中举行庆祝宴。按惯例，宦官是不能出席外廷宴会的，因此没有邀请王振参加。王振大怒，斥其非礼，英宗只好请他参加。王振入殿时，满座的官吏都望风下跪。

王振威势大盛，贿赂公行。见面礼需银百两，若出千两，则给酒喝。贪污之风在明成祖的时候已经开始，后来，由于官吏权威日坠，宦官的贪污就日益增长。王振死后的财产，据说有收藏金银的仓库六十多栋，六七尺大的珊瑚二十多株，其他宝物币帛无数。此外，王振对侮辱自己的人也予以彻底的弹压。他出身知识阶层，对学者还很尊敬，但有骨气的学者都瞧不起他。名儒薛瑄是他同乡，他提拔他，反被侮辱，于是把薛瑄下狱。如果"大学校长"（祭酒）不来朝见，王振就让他带枷坐在"大学"之前，侮辱他。此外，驸马斥责侍候的宦官，王振认为这是对所有宦官的侮辱行为，就处驸马流刑。这些都可说是他自卑感在作祟。

使王振在史上留名的另一因素是"土木堡之变"。这时，蒙古的瓦剌酋长也先是一雄主，对明朝威胁甚大。英宗正统十四年（1449年），也先大举入寇，王振压制了群臣的反对意见，劝英宗亲征。战备不整，作战计划未定，就兵发北京，入山西大同。王振见战场凄凉景象，心中害怕，急欲引军撤退，但为时已晚。这时正值酷暑，明军已有两天滴水未进，军至土木堡附近，即遭也先铁骑蹂躏，全军溃败。英宗被俘，王振及其他大臣都败死。王振虽然遭遇了此一不幸，但因他是明代宦官最有权势的第一人，因而颇受其后宦官的景仰。

明代宦官魏忠贤

魏忠贤是自宫宦官。他本是无赖之徒，有一次赌博输光，为恶少所虐，一气之下，自宫为宦。

魏忠贤出现的时代始于万历年间。当时，天下太平，文化绚烂，上下都流于豪奢，政治纲纪也颓废败坏。神宗皇帝居深宫，不临朝。官吏们明争暗斗，各组派阀。政府中的领袖人物跟监察官僚彼此对立。官吏出缺，也不加以补充，政府的功能陷于麻痹状态。

当时，对这种风潮表示忧虑，有意予以纠弹的是东林党。东林党的领袖是著名的学者顾宪成。他在故乡江苏无锡设东林书院，讲学之余，经常讨论政治问题。因此，他的名声传播遐迩，许多知识分子都来跟他相聚讨论政事。神宗去世，光宗即位，由于宦官王安的推荐，东林党掌握了政权。但是，东林党的排外性很强，凡是不合东林党之意的都被看成邪党，遭受排斥。于是，反东林党的人就团结起来，跟东林党作对，但是缺乏有力的后盾。就在这时候，魏忠贤出场了。

光宗在位一个月后暴毙。熹宗即位，乳母客氏开始掌权。宦官魏忠贤跟她联合，深得熹宗宠信，于是，他们开始肆虐。首先杀害东林党的后援宦官王安，而后将东林党全部驱出朝廷。反东林党的人也跟魏忠贤结合，尽力弹压东林党。魏忠贤这一派便是世人所称的"阉党"。之后，阉党跟东林党展开了激烈的竞争，东林党当然非掌握政权的阉党之敌。他们有的被捕下狱，而死于狱中，有的受廷杖而死。当时的名流几乎全被放逐。

另一方面，魏忠贤跟他的亲戚都被封为公伯，据说其中还有尚在襁褓的幼儿。慢慢地，魏忠贤的魔手也伸向民间，被他放出的探员捕杀的老百姓不知有多少。有的甚至被拔舌剥皮。在魏忠贤的威压之下，官民都慑服于他。为阿谀他，全国都替他建生祠，把他当作活的神来祭祀。他一出北京街道，官民都跪喊"九千岁"。

熹宗去世后，魏忠贤也失势。他在流放的途中自缢而死，客氏则被笞杖而死。但是，明朝在党争与魏忠贤的为非作歹之下，已经走向败亡之途了。

明代的"倭寇"

　　"倭寇"是指元、明时期侵扰朝鲜半岛沿岸到中国东南沿海一带的日本贸易商人跟海盗。日本从 14 世纪开始，中央政府的统治力逐渐衰退，日本九州及本州西部的民众跟濑户内海的岛民经常出海侵扰朝鲜半岛跟中国大陆沿岸。这些海盗们起先专意寇掠朝鲜半岛，后来逐渐扩展到中国沿海。到明初，日本足利幕府为图贸易之利，试图跟中国缔交，明廷也想利用日本政府来取缔"倭寇"。因此，从明成祖永乐二年（1404 年）起，中日两国开始进行所谓"勘合贸易"，两国政府也全力取缔"倭寇"。"倭寇"的侵扰暂时和缓下来。但到 16 世纪前半叶（约当明武宗、世宗时期），足利幕府势力下坠，日本进入战国时代，勘合贸易终止，"倭寇"之侵扰复炽。

　　"倭寇"的活动可以分为前期跟后期。前期，"倭寇"的活动舞台主要在朝鲜半岛沿岸以及渤海和黄海一带海岸地区，时间在 14、15 世纪左右。后期是指 16 世纪前半叶明嘉靖（明世宗）年间。这时期"倭寇"的活动舞台已由华中移向华南的江苏、浙江、福建、广东沿岸，为害最烈。

　　"倭寇"通常由数十人组成一团，横行沿岸数百公里，并掳掠各地城市，有时还深入中国内地。一般说到"倭寇"都认为他们全是日本人，但明朝人的著作却说："真倭只有二三，其七八为伪倭。"也就是说，当时有许多中国奸民投身为倭，跟倭人结合起来，侵扰中国沿岸地区，真正的日本人反而只占全部"倭寇"的十分之二三。

当时真倭的出身地大都是日本本州西部跟九州一带。他们到中国的航路有两条：一条从日本九州的长崎开往江苏跟浙江一带；另一条是从九州南边鹿儿岛的坊津，经琉球开往福建。他们的船只大的可乘三百人，小的约可乘七八十人。船行速度非常快，顺风的话，从长崎五岛到宁波只需三天的航程。这些船都悬挂着"八幡大菩萨"的旗帜，所以明人称其为"八幡船"，闻之胆丧。八幡船靠近中国大陆沿岸时，倭人便选定地方登陆，并掠夺该地附近的村落跟城市。根据明人的记录，他们的军阵采用"蝴蝶阵"或"长蛇阵"，头目下命，下属便裸身拔出日本刀整齐地向前推动，沿海居民简直难以抵抗。明嘉靖三十四年（1555年）六月，在浙江绍兴登陆的"倭寇"仅数十人，从杭州北上攻击南京，明军约费八十余日才把他们平定。

如前所述，当时"倭寇"中有许多中国海盗。其中最有名的是汪直。他本来是以宁波附近的双屿为根据地从事走私贸易的许栋的部下，经常往来于中日之间。许栋死后，汪直据舟山群岛与倭人来往，深受倭人的信任。嘉靖三十六年（1557年），汪直被浙江总督胡宗宪诱杀。另一海盗头目徐海此前也被胡宗宪击杀。"倭寇"的声势稍息。到嘉靖四十三年（1564年），"倭寇"再度受到总兵戚继光跟俞大猷的袭击，声势更衰。丰臣秀吉于1590年左右统一日本全国以后，由于他限制日人随便航行海外，"倭寇"对中国的侵扰才真正平息，但中国沿海一带的民众已经损失不堪了。

明代的财政

中国很早就开始使用铜钱。但是，铜钱价值越高就越重，所以在进行高价的交易时，非常不方便。因而为了便于作高价的交易，经常使用金银或纸币。中国是世界上最先使用纸币的国家，宋代时便已使用纸币。但是，纸币若要流通得顺畅，便需充分信赖政府，或者有足够的兑换基金。自宋代以来，在这两方面都不完善，尤其在朝代的末期，由于政治的混乱、财政的穷困，纸币难免要暴跌，因此经常跟银子一起使用。但是，银和铜钱或纸币不一样，它本身就可以做交换的手段，有时还用它来缴纳租税。它的流通量也不受政府直接控制，而且以银块直接交换。

明朝起先也发行铜钱跟纸币，纸币称为"大明宝钞"。为了能使纸币流通顺畅，明廷对金银的使用是严加禁止的。然而，由于缺乏兑换准备金，加上发行后对纸币的回收未能妥切安排，纸币的价值就逐渐下跌，以致无法阻止银块的使用。官吏们虽然应该取缔民众使用银子，但是，他们也希望薪俸能用银子支给。

为了用银子支给薪俸，国家的岁收也就不能不改用银子了。最后，租税终于改用银子缴纳。明宣德八年（1433 年），首在江南的苏州府跟松江府实施用银子缴纳部分的田赋，三年后推广到华中的大部分区域，后来逐渐推广到全国。以前禁止把银子当作货币使用，现在却公开使用了。

银子被当作货币公开使用以后，明廷所推展的纸币越发不受重视了。明初，铜钱一千文可换纸币一贯；到明朝中叶，纸币一贯只能换得铜钱三文，最后就全然不用了。因此，从明朝中叶起，巨额的交易都使用银，小额的交易则使用铜钱。

但是，中国产银量很少。明代，只有浙江、福建跟云南有银山，政府虽尽力开采，但其数仍不足应用。明代的银子大都从国外输入，据说当时日本有相当多的银子流入中国。到隆庆、万历时期，有大量洋银流入中国。这些洋银就是中国称为"本洋"或"墨银"的西班牙银币。这些洋银在中国使用时，仍然跟本国银子一样，是称重使用的，有时甚至分割后再使用。

在财政方面，明朝起先采取以现物经济为基础的经济政策，因此国家的岁入大部分也以现物（即生产物）为主。政府的收入主要是靠租税，租税又以田赋为主。田赋分夏、秋两次征收。夏税以麦为主，加上一些绢。秋天所征收的称作秋粮，几乎全是米谷。明初的征收额，夏税约四百七十万石，秋粮约二千四百七十万石。财政支出的主要部分是军队、官吏的薪俸跟宫廷经费。

15 世纪前半期起，租税虽用银子缴纳，但是原则上仍以米谷为主，银子只不过是它的代用品。它的换算率差异甚大，因而税制也极其复杂。赋役黄册随着时代的变化而逐渐混乱，征税业务的效率很低，征收额也减少。耕地面积虽然逐渐增加，税额却不见增加。这可以说是税额一定所造成的结果。当时，每一个地方行政单位只需向政府纳定额的租税。耕地增加，课税对象也增加，地方官却依然只需向中央政府缴纳跟以前一样的税额，负责向民征税的地方官则可从中获得大笔的款项。

从人民的负担来看，人民除了田赋之外，还需担当徭役（义务劳动），当时的徭役也被看作租税的一种。从明中叶以后，徭役也可用缴纳银子来抵充，因此，若将一切租税加起来，人民的负担是非常沉重的，而且也常有不公平的事情发生。如何使租税达到公平，是明中叶以后政府的一个主要问题。从正德时期起，政府在税制方面曾做种种的改革，终于在嘉靖年间开始实施所谓"一条鞭法"的新税法，就是把田赋、徭役等各类项目归并为一条。要把各种税收归并为一条，就需用银计算、征收，所以"一条鞭法"的特色是用银子缴纳租税。

"一条鞭法"的采用，在征税的简化方面具有最大的意义。从财政观点来说，政府若不能正确掌握征税对象的土地，税制的简化就不能发挥很大的效果。所以张居正在推行"一条鞭法"的时候，必须先实施全国性的土地丈量，等掌握了土地情况，土地、财政的重整才能收到实际的效果。

但是张居正去世以后，明朝的财政又是赤字，不敷为用。这是因为神宗豪奢，加上万历年间内乱外患不断发生所造成的。等到女真族兴起于东北的时候，国家的防卫费用只有靠增税来挹注了。不断增加税收的明朝，到天启末年，财政已临崩溃局面。

明代的农村

　　中国从宋代以后，工商业已相当发达，江南一带更是如此。江南从明代开始，工业的发展已经很明显，以工业为主的小城镇也开始成长。明代工商业的发展跟农村力量的扩大关系密切，农村的繁荣又跟农业技术的发展、肥料的普遍使用有密切关系。不过最显著的还是地域分工的发展。在明代，落后的地区大都具有明显的自给自足的色彩，也就是说，主食跟衣料都自己生产，如有余再卖出。先进地区则耕种适于该地土地的农作物，把全部或大部分的作物卖出，换取生活必需品。

　　具体地说，长江三角洲一带是中国的谷仓，有云："江浙熟，天下足。"但是在明代，丝织品的需要量增加，棉织品也普及。人们常因土地的状况而种植桑跟木棉，因为种桑和木棉，比种稻更为有利可图。譬如在松江府的部分丘陵地区，由于灌溉不便，种稻不会有多大收获，反而适合种植木棉，所以农民都种木棉，贩卖棉花，来换取稻米。适于养蚕的地域，有的种桑卖桑叶，有的自己养蚕卖茧。

　　总之，由于长江三角洲盛行栽培商品作物，以致种植水稻的面积减少，所产的稻米不足以供应逐渐增加的都市人口，因而不得不从其他地方输入稻米。

　　于是，稻米的产地由江南转为长江中游与上游一带。因为水运方便，这种转变就成为极其自然的趋势。明嘉靖年间，洞庭湖附近的湖南一带取代了江浙一带，成为盛产稻米的地方，所谓"江浙熟，天下足"

的谚语也变成"两湖熟，天下足"了。

明代时，整个中国农村的农民可分为自耕农跟佃农两种，比例因地而异。大抵而言，在华北，自耕农比较多；在江南，自耕农逐渐减少，佃农占大部分，尤其长江三角洲一带，一般所说的农民，其实是指佃农。顾炎武谈到苏州时曾说："有土地的人只有十分之一，耕种他人土地的占十分之九。"

佃农所耕种的土地当然是地主所有的。以往地主通常住在自己所有地的附近，到明代，这类地主虽然还有，但是大多数已离开农村，住在都市里。这样，地主跟佃农的关系就渐渐疏离了。不过，住在农村的地主，有的人不只把土地租给人家耕种，甚至自己经营土地，种植有利可图的作物。这时，他们偶尔也会雇用日工。日工的出现是这时代农村的一大特色。

自耕农须向政府纳地赋、服劳役，佃农则须向地主缴纳大约收获的一半作佃租。总而言之，一般农民的生活相当清苦，所以他们须尽量做副业以补家用。长江三角洲一带的农民从事副业的为数最多。在这地区，丝织品、棉织品或纺纱都是以副业而逐渐推广的。当然，贫农也做副业，但是他们的副业是以生产粗布之类的东西为主，也只拥有一架简单的纺织机，由家里的女人去纺织。因为无法筹集资金，所以他们只能买入最必要的原料，制成成品后卖给镇里的商人，再用卖得的代价购买下一次需要的原料。这些原料都是从商人那儿买来的，所以这类副业是无需在自己土地上养蚕跟种植棉花的。长江三角洲沟渠遍布，商人输送物品极为方便。住在原料产地的农民，反而要向商人购买副业所需的原料。因为从棉花制成布，必须经过若干道手续，一个家庭大都无法做得到。当然这跟农家的资财有密切关系。如果资财不足，有时还要向批发商借纺织机等工具跟原料才能工作。

总之，明代农民的纺织大都是副业。但在都市却不同，已有专业的机户出现，而且规模越大，产品的质地越好。

明代的江南

　　从 16 世纪到 17 世纪初（明嘉靖到万历），是明代的多难之秋。北疆的不宁，"倭寇"的侵扰，使明代的国势逐渐下坠，农民的生活也越来越艰辛。在正德以前，人民都能安居乐业，专意务农，无须从事分外的工作。但从正德到嘉靖年间，由于税收的增加，义务劳动的加重，农民们开始离开农村，从事其他工作。到退休官吏家里做用人的，比以前增加十倍；到官衙做事的，比以前多五倍；从事工商业的比以前多三倍。总括来说，离开农村或转业的农民几乎占所有农民的六到七成。这种现象大都集中在长江下游的松江府与苏州府一带。

　　农民穷困，离开农村，在中国史上任何一个时代都存在，尤其在每个朝代的末期最为显著。但明代的现象却有点不同，这些离开土地的农民，大部分都到都市谋求生活，因为在这时期的江南，大小都市已发展，从而能吸收农村的失业人口。从这种人口移动的情形看来，正德到嘉靖年间，长江下游三角洲地带的经济结构已有极大变化。因此，有些史家认为中国资本主义已萌生于嘉靖万历年间。

　　上述的人口移动与经济结构的变化，我们可举苏州府的盛泽镇做例子来说明。明代初年（14 世纪末叶），盛泽镇只是五六十户的乡村；到 16 世纪中叶已有数百户，被称为市；到明末（17 世纪初），从事批发绸跟丝的商家就有一千多；到清代康熙年间（1662 年至 1722 年），已经成为一个万户以上的大市。震泽镇在 14 世纪中叶也只是一个数十户的乡村，到 15 世纪后半叶已有三四百户，16 世纪时达千户，其后依然继续发展，到清代已升格为县。这类城镇的发展在长江下游三角洲一带已经不是一件稀罕的事。

这些被称为镇或市的小都市，从宋代以来已经相当发达。这些镇、市是农村的商品交换中心，是联络县城跟农村的据点。明代的小都市也有这种特色，但是促成这些小都市发展的最重要动力却是产业的发展，譬如震泽镇的丝织业便很发达。长江三角洲一带的丝织品在元朝以前是由苏州城内专门的机户制造的。从明初开始，苏州府的吴江县城也生产丝织品，还从苏州雇用织工纺织。从 15 世纪后半叶开始，县城外的农民也学得纺织技术。震泽镇跟它附近的农村已经有许多农民在生产丝织品，于是震泽镇便成为迅速扩展的农村的丝织品交易中心，也成为生丝的交易中心，镇内的专业机户也随之增加。震泽镇户数的急速增加跟工商业的发展有极密切的关系。由此观之，江南一带的这些小都市都带有生产性都市的性格。同是苏州府治下的盛泽镇也是因丝织业而发展。根据明末的短篇小说集《醒世恒言》的描述，盛泽镇的居民都以丝织为业，镇上纺织机的声音彻夜不停；绸与丝的批发店有千余家，附近农村生产的绸也送到这里来，因此，全国各地商人都到这里来交易。

上面这两个城镇都以丝织品为中心而发展。有同样特色的小工业都市，在长江三角洲一带已有十多处。其中也有以棉织品而发展的。以棉织品为中心的小工业都市都集中在松江府，其中以朱泾镇跟枫泾镇最有名。

由上所说可知，在明代，江南一带已有许多小工业都市。这些小工业都市的发展象征着中国社会的急速变化。除了江南一带以外，其他地方也有许多类似的小都市出现，如以陶瓷器闻名的江西景德镇，以铁器闻名的广东佛山镇便是。

除了小都市具有工业性格以外，苏州、松江、湖州、嘉兴、杭州、绍兴等大都市也逐渐具有工业性格。以前大都市多以政治、商业为重，到明代，政治的色彩逐渐减少，工业方面的特征逐渐明显。

明成祖在学术上的贡献

明朝一直标榜是由汉族建立的国家，对复兴儒家思想和伦理更不遗余力。除了在南北两京设立国子监以外，在地方上还设立了府学、州学、县学等教育机构。这些学校使用的教科书是儒家的经典——四书五经。这些经典自从汉朝以后，便有许多学者加以注释或疏释，而且各有各的系统，非常繁杂。

因此，明成祖于永乐十三年（1415年），动员学者把这些儒家经典的注疏统一起来，编成《四书大全》、《五经大全》跟《性理大全》，颁发给学校作为教科书。这些教科书也就成为应试科举之人的重要参考书。但这些书籍都是短期编成的，有很多是抄袭前人的著作，创意很少。譬如《四书大全》，据说是根据元朝时的《四书辑释》编成。《性理大全》集宋元时代理学的大成，共七十卷，编得粗陋杂乱，所以到清朝时，康熙帝另派人编撰《性理精义》。

明朝颁发这些书籍，目的在于统一以前对经书的解释，并束缚学者的研究自由。当时有一个名叫朱季友的人，曾著书指斥大全所依据的宋代学者的说法。成祖知道后大怒，查禁了朱季友的书，还要他毁版。从这一点看来，成祖对批判大全的学者采取的手段很严厉，妨害了研究的自由，当然会阻止学术与思想的进步。明代中叶以前，中国学术不很发达，这也许是一个很重要的原因。

除了《四书大全》、《五经大全》、《性理大全》的编纂之外，明成祖还编纂了中国最大的类书——《永乐大典》。《永乐大典》共有22877卷，11095册。解缙、姚广孝等学者接受敕命，从永乐三年（1405年）着手编纂，共费八年始告完成。就内容来说，它收集了当时中国所存的一切典籍，或全收或摘录，按韵的顺序编辑而成。

《永乐大典》也是在很短的时间内完成，所以大部分很粗杂，但它所收典籍很全，今日所无的书籍往往可在其中查得。就学术而言，它是一部非常珍贵的书籍。然而，因为这部书的部头太大，所以成祖时只抄写了一部收藏在北京的文渊阁。明世宗嘉靖四十一年（1562年），依敕命另做副本一部，藏于皇史宬。明末动乱时，正本被烧毁了，幸而副本一直流传到清朝。清乾隆时，学者们便曾利用它来编纂《四库全书》。英法联军侵入北京时，《永乐大典》副本有的被烧掉，有的散佚，现在全世界只留下了几十册。

王阳明与阳明学说

在中国，每一个朝代都有其代表性学问。在明代，"阳明学说"可说是它的代表。

王阳明（1472年至1528年），本名守仁，浙江余姚人。当时盛行的是"宋学"，阳明本来也是宋学的推崇者，但是宋学总是无法让他感觉满足。宋学认为人的"心"是"性"与"情"的总合，其中，"理"所含藏的只有"性"，这就是所谓"性即理"。宋学还强调，自己之外事事物物的"理"也都是"理"，因此可以靠读书的方法来研究、把握它们，借此也可以深化、充实"性"的理，这种方法就是所谓"格物致知"。但是这方法颇使王阳明苦恼。天下所有事物的"理"，可以穷尽得了吗？自己之"内"的理，真可以靠其"外"的理不断补充吗？王阳明充满了疑惑，简直使他受不了。

这时在中央政府，正是宦官刘瑾弄权的时期，各地都在发动反刘瑾的运动。王阳明这时刚科举及第，任职北京，也投身反刘瑾运动，但是不久便被流放到贵州龙场。这一带是苗族居住的地方，语言不通，从者都患思乡病。连建屋都要亲自动手，而且不知何时会被刘瑾派的刺客刺杀。"圣贤书"一本也没有，作为士大夫，这种遭遇是够悲惨的了。圣人若处于此境，会怎样？王阳明不分昼夜地静坐冥思，拼命想去解开这公案。一天晚上，他忽然大彻大悟："圣人之道全在我心。以前想从事物中求'理'，是大错特错。"当时，王阳明三十七岁。

于是，王阳明提出"心即理"的新学说，取代朱熹的"性即理"。朱熹把"心"分为"性"和"情"；阳明认为"性"、"情"浑然一体的"心"，就是"理"。社会的规章、习惯等一切"外"之理全被包含在这心中。譬如，"孝"之理并非在于外的父母，而在于内的我"心"。父母即使不在，孝亦不失；祭父母以追思，不是它最好的证明吗？

刘瑾伏诛之后，阳明被召回，后升任南京兵部尚书。当时，各地不断发生大规模的叛乱，他以文官的身份予以一一平定，因而赢得了战略家跟政治家的美名。他的哲学就是在这频繁的作战行动中凝结而成的。他认为，"心即理"的"心"就是"良知"，是认知（知）与实践（行）的统一体。学问的目的在于"致良知"，也就是完全体现每个人天生具备的良知。但是，它的基本原理仍是"心即理"。

所谓"良知"也可说是道德的直观力，其中含有情感的要素。就这一点而言，与卢梭所说的"心情"非常相近。生生不息的"心情"，动态的"知行合一"，就是"良知"。阳明说，在行动上找不到的"知"不是"知"。总之，王阳明的学说是动态的、实践的、充满情意的。其实，对"心即理"的提倡并非始于王阳明，南宋的陆九渊（1139年至1192年）即曾提倡此说，因此一般把陆九渊跟王阳明的学说并称，叫作"陆王心学"。但是，在王阳明哲学中最值得注意的是万物一体的"仁"。宇宙间的一切事物都跟自己一样有生命在流动着，是"自己肉体的一部分"。因而他人的苦恼也就是自己的苦恼。要救治他人的苦恼，就跟治疗自己肉体的伤痛一样，是良知的命令。这是王阳明对"仁"的解释。"阳明学说"不久就成为精神上的救世运动，其原因乃在于良知说与万物一体说的结合。

王阳明说："问我心而不能相信的，即使是孔子之言也不予肯定。"他这种"心即理"的哲学含有对儒家权威加以批判的因素。此外，人之所以为人的"良知"具有天子、士大夫、庶民皆平等的意义，所以能坦率地承认自然的欲望，具有"人性自然"的倾向。王阳明这方面的内涵后来由他的弟子跟后人王心斋、王龙溪、何心隐等人（有人称他们为阳明学左派）承继、展开。他们都受到阳明学说特有的热情跟来自万物一体思想的使命感的催迫，在农、工、商人之间宣扬，使阳明学说大行于世。

李卓吾这个人

　　王阳明除倡导良知、知行合一跟"心即理"等学说之外，最值得我们注意的就是"万物一体"的思想。他认为宇宙间的一切事物都是自己肉体的一部分，因此，他人的苦恼也就是自己的苦恼，拯救他人的苦恼就像治疗自己肉体的伤病一样是人类的自然之情，是良知的命令。这也就是儒家所说的"仁"。王阳明把"良知说"跟"万物一体说"结合起来，形成了一种救世精神。"良知"讲求人的平等，"万物一体说"重视人的自然之情，因此阳明学也具有尊重人之情欲面的倾向。承继阳明学这种倾向，而把它发挥得淋漓尽致的便是明末的李卓吾（1527年至1602年）。

　　李卓吾，本名贽，福建泉州人。泉州自唐以来即是一个海外贸易极其盛行的地方，也是一个穆斯林相当多的城市。根据发现的李家族谱，他家似是穆斯林家庭。他任云南知府后，便不再出仕，隐居于湖北佛寺，专意著述。

　　李卓吾把人们不为知识与习惯歪曲前的纯真自然状态叫作"童心"。他根据这童心大骂世上"正人君子"的伪善与无能，并彻底推翻以前学者对历史人物的一切评价。他认为天给人童心，就是要人能独力判断，并尽力发挥自己的才能。就历史来说，每个时代都应该有它自己的文学与言论，但看看整个社会，究竟有几个人能不以孔子的判断作为自己的判断？六经、《论语》和《孟子》，只不过是道学先生们吃饭的工具、伪善者的温床，不适合人的童心。"存天理，灭人欲"是道学先生的口头禅，漠视人之自然亦以此语为甚。从圣人到老百姓，哪有一个人是没有欲望的？道德并不存于"吃饭穿衣"之外，政治必须配合时代、适应环境。用周公、孔子之法来治天下，简直是胡闹。李卓吾的这些言论的确相当激烈，所以有人说，他是"古今未曾有的危险思想家"，是"儒家的叛逆"。

李卓吾也受到官宪和士大夫的压迫，但他仍继续自己的著述生活，著有《焚书》、《藏书》等。七十六岁时，他被逮捕下狱，割喉自杀，两日不死。侍者问他"痛不痛"，他在手掌上写"不痛"。又问"你为什么要自杀"，他写"七十岁的老头还有什么好追求的"。不久之后，气绝而死。

明末西方科技的传人

明朝末年，耶稣会传教士积极到中国传教。他们为了达到传教目的，积极向中国知识分子显示他们的优异知识，借以赢取中国知识分子的尊敬。欧洲人到中国传教始于元代。但当时只为传教而到中国，跟明末耶稣会教士为传教而将西方文化传入中国的情形很不相同。从1585年到1650年这六十五年之间，耶稣会士的译著达104部。明末西方学术的传入不仅是中国史上未尝见的，对中国的边裔国家也有极大的影响。

利玛窦到中国以后，徐光启、李之藻、杨廷筠等就奉他为师，信基督教，学西学。他在这些中国教徒的支援下，用中国文字译述《乾坤体义》、《经天该》、《浑盖通宪图说》，详述天界现象。当时中国深为天象跟历法不一致所苦，所以在万历末年命庞迪我、熊三拔（皆西人）等摘译西洋历书，准备改革历法，终因政局不稳定未能实现。但是由于这个机缘，导生了许多天文、历法方面的书籍。崇祯年间，经过徐光启的努力，设立了西洋历局，预备了象限仪、交食仪、地球仪、望远镜等，并选译许多天文、历法书籍。其成果经邓玉函、罗雅谷（皆西人）等帮助，辑成《崇祯历书》一百卷（1634年）。

在数学方面，由利玛窦口授，徐光启、李之藻等翻译，完成《几何原本》。此外还尝试介绍比例、三角函数、代数、级数等，并翻译了一些跟测量有关的书籍。

中国人的世界观本由中国跟四裔组成。让中国人认识地球真相的也是明末的耶稣会士。利玛窦到中国后，最先住在肇庆，在此他用中文在自己带来的世界地图上标示地名，完成了中译世界地图；后来又在南京、北京等地完成一些不同的中译世界地图。在这些地图中，最优秀的就是1602年在北京出版的《坤舆万国全图》。在这图中，他把中国置于中央，向左配以欧洲、非洲，向右配以南北美洲。图中的注释记载有住民、物产、天文、地学等，提供中国人新的知识。此外还有艾儒略的《职方外纪》和世界地图等。这些知识是以欧洲人的世界知识为基础的。在农学方面，熊三拔完成《泰西水法》，传入新的灌溉方法。徐光启写成《农政全书》，是一部系统的农书。

当时，明朝正为北方的女真族所苦，武器的改良乃势所必需。徐光启很早就承认欧洲火器的优点，因此明朝命毕方济跟龙华民（皆西人）向富商募集制造火器的资金，又命汤若望监督制造大炮。西方的炮术与兵器因而迅速普及。万历年间赵士祯撰的《神器谱》跟天启年以后的《海外火攻神器说》等正反映了这些成果。

日常生活上的器物由耶稣会士推广的也不在少数，其中最著名的就是《远西奇器图说》。该书附有应用重心、杠杆、比重、滑车、斜面、水力等的各类机器结构与力学解释，其中的《自鸣钟说》叙述了时钟的原理。

许多传教士为了传教需要，分发基督像跟圣母像。中国人当中，也有模仿这些西方主题作画的。程幼博的《程氏墨苑》便是这些绘画的复画。《出像经解》里也有这类中国人画的东西。在澳门、广东等欧人较多的地方，西式建筑逐渐增加。在首都北京，宣武门内所建的教堂即是西式建筑。

清圣祖的政治

从 17 世纪到 18 世纪前半叶，东西方诞生了几位个性很强的君主。在西方有法国的路易十四（1643 年至 1715 年在位）与俄国的彼得大帝（1682 年至 1725 年在位），在东方有清圣祖（康熙帝，1662 年至 1722 年在位）。关于康熙帝，基督教神父、康熙帝近侍布维（1656 年至 1739 年）曾经写了一本《康熙帝传》，在西方颇为流行，康熙帝的名字也立刻响遍全世界。事实上，康熙帝在当时也给中国带来了和平、繁荣与光辉。

康熙帝在位六十年，他所追求的就是实现朱熹所说的圣王政治。朱熹学说的主要特色就是，任何人只要努力都可达到连孔子都无法达到的圣人境，要达到这种境界，必须基于丰富的知识，不断探求真理，不断修身养性，以求完成自我。此外，朱熹还认为政治跟道德不能分离，因此，"圣人"含有维持世界秩序的圣王的意思。要达到圣人境界，一定要经过"修身、齐家、治国、平天下"的阶段。康熙帝一生所追求的便是这些。据当时的大思想家黄宗羲说："真正的圣王必须牺牲自己，为天下谋求真正的幸福。"从这个意义来看康熙帝，他的确也有意如此。

康熙帝本人能开十五人力量的弓，据说一生之中曾杀过一百三十五只老虎、三十只熊豹跟九十六只狼，是个体力强韧的人。但他还是一个努力修炼自己的人。他不喝酒吸烟，自己在房间的匾额上写着"敬天"两个字，在壁上写着"以爱己之心爱人"与"以责人之心责己"。他不分昼夜，努力读书，以致咯血。他不仅读四书五经，还跟基督教神父研究几何和天文学；每礼拜还要跟学官读书三天，而且时间是在早朝（皇帝通常从早上七点钟起理政）前。康熙帝曾用诸葛亮的"鞠躬尽瘁"来形容自己的勤学勤政。官吏们认为这四个字是臣子们使用的，皇帝不能用，康熙帝却反驳说："我是上天的仆人，怎么不能用这四个字？"

康熙帝想做圣王，想得太过分，以致执着而不化，当时康熙帝所信任的比利时神父南怀仁曾批判说："康熙帝对荣耀与名声太贪得无厌了。他经过长年累月的勤读，终能习得汉人的知识，便是得之于这个'贪'字。他知道汉人很尊重学者，尤其是有学问的统治者，所以他现在对军事一点也不感兴趣，而专意于学问。皇帝的亲信近侍也拼命想去维护皇帝的名誉心。"从这段话看来，康熙帝想做圣王，是含有笼络汉人的功利成分的。

为了实现"平天下"的圣王政治，康熙帝想在地域上建立最大的帝国，除了领有中国外，据说还有意去征取欧洲全土。

圣王政治主要表现于简政、爱民、轻税，对这些内容，康熙帝也努力想去达成。他自己过着极其简朴的生活，自称三代之世（夏、商、周）亦未能如此。又尽量减轻王室的费用，他说，明朝一日的费用相当于清朝一年的费用。又将宫廷使唤的女官跟宦官从明末的十万九千人减到四五百人。又尽量减轻人民的赋税，规定丁税永远不增加，结果每年得减税三四百万两。据康熙五十年的记载，他在这五十年中减税的总额达一亿万两。

有志于实现圣王政治的康熙帝认为，统治民众的方法应重国民道德心的发扬，其次才是法律，因此他编成了十六条的《康熙圣谕》颁发全国。此书是以儒家的家族道德为主，认为孝最为重要，其次才是对家族的爱与对乡里的爱。地方官、将军或考官都需以普及并贯彻这圣谕为自己的义务，考绩也以是否贯彻这圣谕为评定的核心。这种道德政治实施的结果，造成了非常奇妙的现象。地方官在自己区域内捕到盗贼，若向天子报告，往往要受到斥责，认为地方官在自己区域内没有尽到推展道德心的责任，才会有盗贼之类的罪人出现。因此，地方官为了保持境内的安宁，常常将罪人或盗匪之类人物赶到其他地方去。于是，省与省的边界出现了"三不管"地带（指三个省都不管的地区），成为盗匪与走私的温床。

清初的官吏

　　大致说来，所谓"官吏"是指官与吏。官与吏之间的差异非常大，有如住在不同的世界。官像浮萍般时时转移任所，因此可说是流官。原则上，这些官是指科举及第由天子直接任命的人。当然，也有用金钱贿买的，这些大抵是政府财政艰难时出卖的官职。但是，贿买的官比较不受重视。

　　官有任职中央与地方之别。一般而言，地方官不容易返回中央。但是，科举及第未必能够立刻就被任命为地方官，没有缺额就无法派任。科举殿试的前三名，大都留在中央，要任官就须向中央大员行贿。

　　新任的官大抵都派任为地方官，但是任所的决定相当为难，因为任所有各种不同的差别：有城市与乡间之差，有富裕与贫瘠之差，有难治与易治之差。因而任所的决定等于决定了新任官的未来命运。因为这个缘故，所以在决定任所时推荐人的实力非常重要，这是官僚结党分派的一个重要因素。这问题在明朝末年已经相当严重，最后终于实施了用抽签决定任所的制度。赴任也是一件麻烦事。因为赴任时政府不给赴任津贴，何况他们还要雇用私人秘书。科举考试只讲求对古籍的了解跟笔法的优美，所以科举及第的人虽有高深的学养，对实际事务却一无所知。因此，清初大儒顾炎武把科举考试喻作秦始皇的焚书坑儒。这些不懂政治实务的官僚，赴任时自然要自费雇用秘书之类的顾问人员。这些人员称为幕宾，最少需三人，分掌文书、法律跟会计。

而这些幕宾都有家人仆隶，因此一个官僚至少需负担三位幕宾的家庭，数达五十人以上的费用，其费用之巨大可知。流官都须回避任职自己的家乡，每三年须转换任所。虽然这样，官员们在初任职的三年中，不仅偿还了赴任时所借贷的款项，还开始储蓄。在这期间，为官弄钱的吏便非常活跃。

吏也称为胥吏，都是本地人，而且是世袭的。吏没有正式的薪俸，但是要担任胥吏须出权利金。胥吏的形成跟清代的租税制度有密切的关系。

中央政府握有备征税用的各类账簿。账簿上都用十进法的两、钱、分、厘等单位。铜货一文相当于一厘，银一两约等于铜货千枚。平常买东西只用到厘，但是账簿上登记的却细分至厘的十分之一——毫，及其下的丝、忽、微等。账簿都放在跟人民有直接联系的村办公室里，精通这账簿的只有胥吏。知县是当时官员中最低的官，除知县以外，其他吏员都是胥吏。他们彼此非常合作，而组成一个集团，在集团中身份最高的被推为县的书记，其次的人员分任镇、村的吏。清代学者曾叹息说："官无封建，吏有封建。"大抵说来，朝代时易，胥吏的世界却依然巩固如昔，不变亦不动。胥吏们都清楚本地的一切事物，新任的官没有他们就不能办事。从这点看来，官只不过是傀儡。

中央政府根据官定账簿来决定国税的总额，然后再把它分摊给各省；省政府再把它分摊给府，府又把它分摊给州县。一般所谓租税是指国税，地方税并不包括在内。地方官为维持地方费用，常在国税上附征地方税，中央政府也默认地方官这样做。因此，上自省，下至县，经常任意决定地方税的总额。结果，地方税往往超过国税的十倍。譬如，河南的国税为银三百万两，巡抚的公定年俸是银一百五十五两，实际收入却达国税的百分之七，约二十万两。往下类推，地方税的总额有多少，可想而知。由此也可以知道人民的负担有多重。征税的事务大都由吏办理。

皇帝跟人民之间有这样的官僚组织，当然无法让人民信赖政府。康熙帝曾减免国税一亿两，这可说是史无前例的措施，但地方税依然如故，人民所获益处甚少。为了检举不良官吏，历朝都设有御史之类监察人员，他们可以根据流言检举。因为中国历来都以实施道德政治为原则，所以一个官员有流言说他不好，就表示他没有为官的资格了。这样，当然容易造成许多弊端，使吏治无法稳定。

　　为了避免御史滥用监察权，明代把检察权给予宦官。清代因宦官不能出廷门，雍正帝用八旗的近侍做密探，刺探官吏的行为。当时曾流传着两则故事。一天晚上，有位大臣在玩清廷禁止的麻将，不意丢失了一张牌。第二天早朝，皇帝问他昨晚做什么，他畏惧地老实说出自己昨晚在玩麻将。皇帝对他的诚实予以褒奖，而后拿出了一张牌，就是前一天晚上丢失的那张。另一则故事是说，有位官员被任命为地方官，赴任时，在北京雇用了一个仆人。三年任期期满后，遣去这个仆人。当这官员面谒皇帝报告任官经过的时候，发现侍立的卫士长，竟然就是那个被他遣去的仆人。这可怕的密探制度不外是想促使官吏们自肃自清。此外，为了知道地方的实际情形，并考核官吏的能力，雍正帝还允许全国地方官（不问官位高低）直接向皇帝报告管区内的实际状况，而且必须亲笔撰写，以免在它送达皇帝之前遭受上级官僚篡改。

　　雍正帝的这些措施不外是革新政治之举。此外，政府还确定地方税的数目，以免官吏滥收；给地方官养廉银，以免地方官贪污渎职。

清初的三大思想家

明朝灭亡的时候，有许多知识分子组织军队，拼死抵抗清军，最后都无法抵抗对方的强大军力，而告失败。但是失败后，清政府用尽一切手段来笼络或压制他们，他们之中仍有许多人不肯屈服，或退隐不仕，或从事著述，以维系民族文化。在这类知识分子当中，最值得注意的是清初的三大思想家——黄宗羲、顾炎武跟王夫之。

黄宗羲（1610 年至 1695 年），浙江余姚人，跟王阳明是同乡。他是狱中被杀的东林党领袖黄尊素的长子，绝食殉明的阳明学者刘宗周的弟子，也是继东林精神的"复社"社员。清军南下时，黄宗羲曾组织故乡子弟，占四明山山寨，竭力抵抗，不支而败，遭到清军通缉。复兴明朝无望后，便开始撰写《明夷待访录》，从政治、经济、制度、军事各方面讨论国家的体制。他说："在古代，人民（天下）是主，天子是客，天子的一切作为都是为了人民，并不是为了自己。但是后来历代的天子都把天下当作自己的私有财产，实施暴虐的政治。这样的天子当然可以用革命的形式来放逐他。做臣子的，也是为天下、为万民才出来做官的，并不是为天子才出来做官。但现在的臣子都不了解这意义，而成为天子私人的奴隶。"（见《原君》、《原臣》，取其大意。）

讨论学校的作用时，他又说："学校不仅是培养人才的机构，而且是政治、文化等一切事物的根源。政治须由学校批判。大学校长地位应和宰相同，或者由退休的宰相担任。天子每个月须到大学一次，坐在学生席上，听校长论列政治的得失。学生也有权利罢免不合适的校长跟学官，或者发动学生运动来批评国政。"（见《学校》篇）这些思想大致说来都是承继东林党的传统而来的，在清末革命运动中，颇受革命志士的欢迎，黄宗羲也被称为"中国的卢梭"。

黄宗羲鉴于明末儒学的过分空疏，因而提倡实证的研究，尤其重视史学与礼学的探讨。清朝设馆编纂《明史》的时候，曾邀他参加，他拒绝，但他认为"国亡，史不可亡"，所以就派他的学生万斯同进入史馆，参与《明史》的编纂。

跟黄宗羲一样，鉴于明末学术之空疏，而提倡实证研究的是顾炎武（1613 年至 1682 年）。他年轻时也是"复社"社员。母亲是望门寡，绝食殉国，并遗言要炎武不得出仕清朝。他在故乡江苏昆山组军抵抗清朝失败后，便走上流浪之途，变装商人，旅行各地，并在山东、山西从事开垦业务。在他旅行各地的时候，马车上满载书籍，以便把文献记载跟实地情形互相比较；并听故老谈论过去之事，来从事地理跟历史的实证研究。此外，他在经学、音韵训诂学、金石学、制度学等方面都开创了一个实证研究的新局面。其实，他的实证研究是对当时的政治与社会的批判。他在《日知录》这部名著里曾说过："灭亡有两种，一种是王朝的灭亡，一种是天下的灭亡。"就是说，王朝的灭亡只是一朝一姓的事，也仅仅是天子跟官吏们的责任；但天下的灭亡，则是每一个人的责任。所以，维护民族文化比效忠一姓更为重要。

跟黄宗羲、顾炎武同一时代，也曾举兵抗清，最后终归失败的是清初三大学者之一的王夫之（1619 年至 1692 年）。他一生蛰居湖南乡间，不与人来往，死后一百五十年几乎不为人所知，到清末才被发现。他是一个热烈的民族主义者。他说："禅让也好，放伐也好，但绝对不许'异族'统治中国。"又说："民族还不能统一的时候，谈什么仁义道德！"

他反对朱熹"有道（道德）才有器（制度）"的说法，认为"有器然后才会产生道"。清末的谭嗣同接受了他这个观念，生发出"改革道必先改革器"的激进改革论，撰成不朽的名著《仁学》。

清初的文字狱

　　清初的学术界跟思想界已达到极高的境界，而且多彩多姿。考据学尤其盛行，多数学者都不谈政治，只谈学术。大家不敢谈政治的最主要原因是清廷的高压政策，并兴文字狱。清朝开国后的三十年之间，便曾不断颁布禁令，禁止士大夫结社跟从事政治活动。

　　雍正时，浙江是学者们最活跃的地方。这些学者曾一再检讨明朝灭亡的原因，最后得出结论：明朝亡国的祸根是中央集权式的君主独裁制。因而认为只有回到封建制度才能防止四周蛮族的侵略，同时还极力提倡民族差别思想，即所谓"华夷之辨"。

　　雍正帝知道这些以后，便想用暴力来弹压他们。当时，浙江出身的礼部侍郎在他所出的科举试题中曾有"维民所止"四个字。"维"和"止"缺"雍正"两个字的顶上笔画，雍正帝认为这是希望把他的头砍下来，于是这位礼部侍郎（他已去世）跟他的族人都受到严厉的处分。又，浙江的吕晚村在他的著作里曾一再强调"华夷之辨"，讽刺满族是异族，受他影响的年轻人非常多，因此吕晚村的族人都被处刑。这时吕晚村已死，皇帝乃派人挖他的坟墓，砍下尸体上的脑袋，挂在牢门上，让他永远不能投生。他的儿子被处斩，族人被流放。康熙朝时，浙江富豪庄廷鑨曾得到明朝学者所写的《明史》原稿，增删后出版，书中有不利清朝的记载。除了他（已死）跟他的家人之外，写序的人、校对的人、印刷厂、书店、购书者，一共七十多人都被处死刑，与这些人有关系的妇女都被当作奴隶放逐到边疆。

此外，戴名世的《南山集》在讨论明末的历史时犯了清廷的忌讳，他因此被处刑，连坐的人达三百名之多。

这种弹压一直延续到乾隆末年。在这种高压政策下，知识分子当然不敢再谈政治，就是思想与文字也不敢触犯当权者的忌讳。言论自由受到严厉的限制。

明末清初的西方传教士

　　16 世纪初叶，葡萄牙人取代阿拉伯人独占了东方贸易。在葡萄牙人的保护下，天主教的耶稣会会士开始积极到中国传教。在这些传教士中最有名的是利玛窦（1552 年至 1610 年）。他于明万历十年（1582 年）到澳门，以不屈不挠的决心跟丰富的学识，克服了种种困难，终于在明万历二十九年（1601 年）见到了明神宗。此时，距他到澳门已二十年。这时，他献给皇帝的礼物中有基督像、圣母像、烟斗、念珠、座钟和《万国图志》。在这些物品中，皇帝最心仪的是座钟以及利玛窦修理钟表的手艺。为答谢利玛窦的礼物，皇帝允许耶稣会在北京宣武门内建天主堂。

　　这时，中国人受洗为教徒的，只在北京地区就已超过二百人。高官显要中信奉天主教的有礼部尚书徐光启跟李之藻，他们还取了外国名字，譬如徐光启的教名是保禄，李之藻的教名是李昂。在这种情况下，天主教的传播相当快，清圣祖的时候，除云南跟贵州外，中国各省都建有天主堂，总数已超过三十所，其中也有满族贵族供奉的。神父们搭船到东方来，路上常会遭遇海盗、暴风雨等危险，而且单程就需花费两年的时光。因此，康熙以前出发到中国来的神父中，能够平安到达中国的，五百多人中据说只有一百人左右。

　　利玛窦进入北京第十年便去世，天主教也同时遭遇了明朝的迫害。当时，礼部侍郎曾弹劾说："看那蛮人所写的《天主教要解略》就可知道，他们奉为天主的耶稣跟玛利亚是汉哀帝时诞生的西夷人，耶稣是被判刑钉在十字架上的罪人，这样的罪人怎可说是天主？教徒现在还借口礼拜，夜间聚会，讨论天体之运行。这些全是违反国家法令的，应迅速予以禁止。"于是，明廷颁布禁教法令，住在北京的神父大都被放逐到澳门。

当时，传教士为了获得传教的方便，除了"奉献"一些西方物品之外，还须得到中国人的信赖。因此，他们大都精通数学、天文学、地理学等，以获取中国知识分子的欢心；他们还要经常穿中国的僧侣服装及儒服，并取中国名字，学中国语言。由于精通中国语言，他们写了许多科学方面的书。他们还把基督教称为天主教。

明万历三十八年（1610年），天主教受到第一次迫害之后，耶稣会传教士靠制造大炮替明军赢得对清战争的第一次大胜利，才获许重回北京。这时候的中心人物是德国神父汤若望。在他的领导下，替明朝先制造了二十门钢铁大炮，后来又制造了五百门。这些大炮有许多因明将的投降而为清军所得，并靠此灭了明朝。清圣祖（康熙帝）平定三藩之乱时，神父南怀仁替清朝制造了大小一百二十门炮，在华南地区发挥了极大的威力。他还替康熙帝写了一本解释枪炮的书，名叫《神威图说》。由于这些贡献，南怀仁官升工部右侍郎，这是前所未有的事。

中国向来都是以农立国，历法也以"授民以时"为主要目的，所以对历法的修订非常重视。据《明史》说，从上古到秦，曾修历法六次，汉朝四次，从魏到隋十五次，宋十七次，金元五次，总共四十七次。元时曾输入回历，明代继续使用。一百年后，这历法又不灵，推断日月食的时刻完全不准。当时，徐光启和李之藻都曾跟汤若望学西方历法，并提倡采用西方历法。明崇祯二年（1629年）五月一日日食时，礼部侍郎徐光启认为北京日食仅十分之二，华南全食，长城以北无日食。这看法跟当时官吏们的看法（根据回历）完全不一样，结果，徐光启获得胜利。后来，徐光启、李之藻和神父汤若望等根据西方历法，合作修订本国历法，但不久明朝亡了，未能实行。清帝进入北京后，汤若望立即将修订过的新历跟观测器呈献上去。实验结果证明新历相当准确，乃被称为"时宪历"，沿用到清末。之后，汤若望跟南怀仁先后任钦天监正（气象台长），制造天文仪器，重建观象台。

17、18 世纪中国对欧洲思想的影响

明末清初，欧洲传教士纷纷到中国传教。为了便于传教，他们对中国文物与思想的研究非常注意，尤以耶稣会士最为热衷。教士的研究报告送回欧洲后，对欧洲思想界影响甚大。

对中国文化最先表示关心的是跟耶稣会士有密切来往的德国哲学家莱布尼茨。他写给普鲁士皇后的信里说："我想在我的门上挂起中国报道事务所的招牌。"显然，他是以中国通自居的。据他说，在中国，贤能者掌握权力，因而中国皇帝最富道德智慧，最守道德律，也最敬圣贤。在道德与政治方面，莱布尼茨认为，欧洲远不如中国，因此，欧洲应向中国学习，也应将欧洲文明的长处教给中国，以谋东西文明的融合。莱布尼茨的儒家思想对腓烈特大帝和普鲁士的影响甚大。他还用"0"和"1"的组合来表示所有的数，这就是"二进制"。他的这种想法是得自《易经》六十四卦以阴阳表现天地万物的观念。

在欧洲国家中，对中国文化最表关心的是法国。路易十四在位时，法国是欧洲第一强国，但是人民的税收沉重，社会不安的情形越来越严重。黑格尔说："路易十四统治下的 17 世纪，人们已经可以察知国内人民精神不安定的情形。国内人民都急切地想知道，中国人民如何行动？社会的安定如何维持？中国人民是否幸福而满足？"18 世纪时，欧洲学者已经尽量在吸收中国方面的知识，并且大规模讨论中国学术、文化与社会方面的问题。

在法国，最关心中国文化的是伏尔泰。他赞美中国，说中国有极其古老的历史，从太古时起，学术与艺术就很进步，而且在理性主义的思想与政治之下，文化极其灿烂。在中国，整个国家是一家，国民都以君主为父，君主都以国民为子，而致力于福利的推展。官吏都以严正的考试制度选用，也确立了行政机构和法律。君主是不许专制的。此外，中国奖励农业，给成绩优良的农民以官爵。中国人不像欧洲人那样要受租税的压榨。欧洲君主应向中国学习。伏尔泰又赞美说，孔子重视道德甚于宗教，"儒家真了不起。儒家不迷信，也没有愚劣的传说，没有侮辱道理和自然的教理"。中国人都在自己家里设礼拜堂，挂孔子像，朝夕供奉。

倡导重农主义经济学说的魁奈，从中国儒家学得了自然秩序与社会秩序具有相关性的观念。他撰有《中华帝国的专制制度》一书。书中，他说，专制政治有两种，一是合法的专制政治，亦即君主只能依据国法行使国法所规定的主权；一是非合法的专制政治，亦即君主剥夺国民的主权，并向国民施展高压的统治权。中国帝国的国法是基于不动的法则，皇帝自己要正确地坚守它，也要国民遵守这法则，所以中国属于合法的专制政治。这里所谓"不动的法则"就是自然法。以农立国的中国是依据自然法的原则而获得富实的国家，所以他对中国的农业政策极其称赞。

在18世纪的思想家中，除孟德斯鸠和卢梭之外，大都非常赞扬中国文化。他们之所以赞美中国，是为了拥护启蒙思想与理性主义。另一方面是为了丰富欧洲的思想内容，才尽量吸收中国的文化、思想与经济理论。

清代的财政

　　清代的税制大抵沿袭明代，只是把丁税并入地税。明代后期，徭役（义务劳动）已经可以用缴纳银子来代替。到张居正实施"一条鞭法"的时候，部分徭役仍然按照以前的形式分摊给成年男子，称为"丁银"或"丁税"，其他部分以田地为对象来分派。到清朝的时候，无纳税能力的壮丁增加，康熙帝为表示爱民，下诏把新增加的丁口称为"盛世滋生丁"，免除他们的丁税。其实，当时已经把丁税并入地税，称为"地丁银"，全以土地作为征税的对象。地丁银的征收于康熙五十六年（1717年）实施于广东省，到雍正帝的时候，大多数的省都已实施。

　　征收地丁银的时候，丁数和租税已毫无关系，所以人民也无需为减少纳税额而虚报丁口数。18世纪中叶以后，政府统计的人口数大致很可靠，而且比以前增加得非常多。这跟明代人口统计始终增减很小，是一非常明显的对照。

　　清初由于康熙、雍正两帝的勤俭，地丁银的收入已足应付国家的需要且有剩余，经济也一直呈现出好景。譬如雍正时的米价便一直维持着清朝入关以来的价格。从雍正末年到乾隆初年，一斗米的卖价是铜钱九十文到一百文，而当时银跟铜钱的比价是马蹄银一两换铜钱七百八十文到七百九十文。从这一点看来，米价不算太高。乾隆十三年（1748年）发生饥荒，一斗米的价格涨到一百六十文，此后十多年都一直维持着这种价格。但是到乾隆五十九年（1794年）夏天，一斗米的价格涨到三百三十文到三百四十文之间，比乾隆初年约涨三倍。在这以前，大都只有米价上涨，这时连鱼类跟蔬菜价格都涨了。但人民的生活仍然很好，因为当时整个社会都呈现一片好气象，人民的收入比以前约增加一倍。

整个社会呈现出好景象的最主要原因是社会的生产量增加。当时，对外贸易繁盛，剩余的物资可以大量输出国外，国际通货"墨西哥银"也大量流入国内。墨西哥银从乾隆三十五年（1770 年）开始在中国内地流通，当时称为"番银"或"洋银"。起先，番银一圆约等于铜钱六百三十文，乾隆五十七年涨到一千文，嘉庆（1795 年至 1820 年）以后稍微下跌。

当时的经济虽然有好景象，但政府的收入仍然维持原样，官吏的中饱是它最重要的原因。物价的上涨也使政府蒙受其害。因为当时地丁银有定额，所以米价高涨使政府的收入约减少三分之一。政府收入的减少跟内乱和对外战争也有密切关系。嘉庆年间，"白莲教之乱"给政府财政的打击甚大。这次内乱经七年才平定，所用战费达二亿两，约等于五年的租税收入。嘉庆到道光（1821 年至 1850 年）还有一些乱事发生，鸦片战争的战费跟赔款又用去三千万两。乾隆末年所剩余的六千万两到嘉庆时已用光，道光时，财政已呈现赤字。太平天国战事发生后，清朝的财政更陷入窘境。为此，清政府曾一再厉行节约，但国家财政仍未见好转。政府只好靠捐纳跟厘金来增加国家收入，但捐纳（捐款给政府，政府便给予做官的资格）促成了吏治的腐败与贪污的盛行。咸丰三年（1853 年）设立的厘金（陆地的关税）只对中国商品征收，外国商品可以免除。厘金收入虽然是仅次于地丁银的国家重要收入，但对中国商品的流通却是一个致命的打击，使中国商品无法跟外国商品在国内竞争（因为它的价格比外国商品要高），正在繁荣的国内产业逐渐衰微。清政府为维持国家财政，增设捐纳和厘金制度，反而促使清朝走上了衰亡之途。

清代的景德镇与佛山镇

明代中叶以后，中国已有许多工业都市出现。棉织业的都市大都集中在江南一带，到清朝，这些工业都市更繁荣。除了这些长江三角洲地带的都市之外，最有名的便是以出产瓷器著称的江西景德镇跟出产铁器闻名的广东佛山镇。

景德镇从宋代起，便以出产瓷器闻名，明代在这里设有国营的瓷器工厂。15世纪以后，国营工厂的窑数有八十五所。后来，这些窑数仍然不敷国家的需要，就委托民间生产瓷器。因此，民窑从明朝中叶以后增加得非常迅速。据推测，当时的民窑有九百所。生产瓷器的工人种类有二十种以上，工人的需要更多。当时从事瓷器生产的人员，夸张地说有四五十万人，保守的估计则为十万人以上。其中，原地居民占三成，其他是从全国各地涌来的技术人员、工人跟商人。景德镇已成"五方杂处之地"。它的盛况从明末到清代，都没有什么改变，但技巧却有显著进步。生产机构方面，明、清两代也没有什么差异，只是窑的规模越来越大。清朝时，一个窑的一次生产量大约等于明代的四倍，因此，窑数反而比以前减少了，但经营的规模却比以前大得多。

佛山镇自古即以纺织品闻名于世，清朝时也是一个非常著名的商港。但是在明、清两代，佛山镇又出产了许多铁器。铁器中最有名的是锅子。明朝还用佛山镇的锅子和蒙古人交易物品。此外，佛山镇还出产铁板、铁丝、钉、针等铁器。根据18世纪的记载，佛山镇的铸铁炉超过一百，昼夜生产，晚上红焰蔽空。一个工厂的从业人员，平均为数十人到一百人左右，多的还达到数百人。据说，18世纪末叶时，与生产铁器有关系的超过十万户。

上述这两个城镇与河南的朱仙镇、湖北的汉口镇合称为四大镇。朱仙镇跟汉口镇以商业交易为中心，景德镇跟佛山镇则可以说是当时工业都市的代表。

宋、元、明的绘画

宋代的皇帝和贵族都非常喜爱艺术。宋太宗和真宗最先奖励艺术，礼遇画家。但是，在北宋时期，最优遇艺术家的要算宋徽宗。他自己就是一个艺术家，因为太醉心于美，以致亡国，为敌所虏，客死北方。

唐代，与艺术相关的行政组织非常松懈。到五代，西蜀跟南唐才建立画院。宋朝统一中国以后，仿画院先例，且把画院组织扩大，在国都设立"翰林图画院"。聚集在这里的画家，按才能分成等级，最高的是待诏，其次是祗候、艺学、画学正、学生、供奉等。宋徽宗时期，设有画院、书院、琴院、棋院等。

要进画院，需经过考试。考试方法大致是从古诗取出一句，然后按这诗句的意义作画。譬如，出的诗句是"野水人不渡，孤舟竟日横"，考生便按这诗意作画。如果画的是一艘空船系在岸边，一只鹭鸶只脚立于舷上，则因这画诗味不足，不能列为一等。若所画是一个舟子躺在船尾吹笛，便可得一等。

徽宗自己也画格调高超、极其写实的画，同时要求画院的画家这样做。因此，宋徽宗时期可说是格调最高的写实时代。

从唐代画坛到宋代画坛的过渡时期是五代画坛。西蜀的画坛比较忠实地保存着唐代的贵族趣味。南唐的画家们则比较坦率地注视大自然。在山水画方面，董源的作风影响后世相当大。他的水墨画颇具近代法国印象派的作风，新鲜又能掌握住光线的角度。在花鸟画方面，西蜀黄筌的画被称为"富贵体"，华丽而富装饰性；南唐徐熙的花鸟画则被称为"野逸体"，自然而富写实性。

宋朝的美术是把这些画风综合起来。画家的兴趣都集中在山水画和花鸟画。因宗教热情逐渐稀薄，佛教画与道教画（两者合称为释道画）逐渐流于装饰性或形式化。肖像跟人物画也渐趋低潮，这种趋势一直延续到明清时期。

另一方面，也有一些作品是描写现实生活与风俗的。描写贵族生活的有《韩熙载夜宴图》（相传出于南唐顾闳中手笔），对巨宦夜宴的情景描写得极其详尽。著名的《清明上河图卷》，细腻地描绘出清明节汴京的热闹情景，而且把河边车马、民众的交往，以及城内商店的景致都表现得极为鲜活有致。

辽、金进入华北和元朝的统治，对当时的汉族画家打击甚大，因而产生了一些表达汉人悲戚的作品。南宋的《文姬归汉图》就是这类作品中的一种。这幅图是《胡笳十八拍图卷》的残卷，描绘后汉末年才女蔡文姬被南匈奴逮捕，在异地度过十二年忧愁生活的情景。《文姬归汉图》现存波士顿美术馆。金朝宫素然的《明妃出塞图》描绘王昭君嫁匈奴的故事，颇能赢得宋、元、明时代汉人的共鸣。

北宋时期也出现了文人画。文人画的作者并不是专业的画家，而是长于诗、书、画的文人。他们的作品跟画院画家的艺术很不相同。他们把宋学的精神投影到感情世界，往往漠视自然的外在美，尽量让自己的内在精神跟自然景致相配合。文人画的作者都不用色彩，尽量避免规律的线描法，并借墨色的自由扩散来表达作者的内在意志。他们不仅画山水，也画兰、竹、梅等清纯的植物。北宋的文人画家有米芾、苏东坡、李公麟、文同等人。这类文人画不久就影响了画院画家。

南宋的画院出了许多名家，如李迪、李唐、马远、夏圭、梁楷等人。在山水画方面，出现了马远偏角景的形式，也就是在画中留下一大半的空白。这种形式给绘画留下了情趣跟文学方面双重的欣赏余裕。梁楷的《雪景山水图》是从南宋重情趣的潮流中产生的杰作。

元朝末期是水墨山水画的转换时期。当时出现了被称为"元末四大家"的黄公望、王蒙、倪瓒、吴镇，复兴了南宋时期不大为人所注意的五代董源派山水画的画法。这四大家的作风对明清的文人画有极大的影响。

明代画院重振。但是跟复古潮流一起支配画坛的形式主义非常风行。以戴文进为首的浙派完全显示了内容空疏的形式主义作风。当时激烈反对形式主义的是文人画家，但是他们没有"元末四大家"高昂的反叛精神，只对浙派表示反感而已。他们大都以平和的心境作画，代表人物有沈周、文徵明、董其昌等。只有一人例外，那就是把奇矫飘逸的心境寄托于水墨画的徐渭。他是一个激情的文人画家，这一点很值得注意。

宋、元、明的瓷器

宋代是中国陶瓷工艺的黄金时代。宋代的瓷器大抵承继隋唐以来的技术，发展到北宋中期已经达到圆熟的境地，到宋徽宗的时候，臻于极致。

唐代陶器，丰满而表现出悠闲的形式。宋瓷则简洁明晰、色调单纯，尽量避免唐三彩与明末五彩的华丽；图案也以浅跟不醒目为主，忌讳繁杂，因而显得清纯端正。总之，在中国漫长的工艺史上，宋瓷表现了最洗练的古典美。

宋瓷也是宋代主要输出品。现在，在日本、韩国、东南亚、印度，远至近东各地或非洲沿岸，都常发掘出宋瓷，这可以说是宋瓷输出的最好证明。这些输出的陶瓷的生产地是靠近中国东南沿海口埠（如广州、明州、杭州、温州、泉州）的窑。最先生产、输出陶瓷器的是唐跟五代的越州窑，但是，浙江省的龙泉窑、江西省的景德镇窑的生产品也是很值得注意的。

中国的瓷器按地域大抵可分为长江南北两大部分。北部的白瓷跟青瓷带有黄色，长江南方的瓷则带青色。

北宋时期，长江以北的名窑约有：

（一）定窑。所烧的白瓷美如象牙。北宋时期，此窑专事制造宫中器物。窑址在河北省曲阳县涧磁村。

（二）汝窑。跟定窑并称的北宋名窑。窑址在河南省临汝县一带，生产北方的青瓷，质地较硬，含铁较多。底部大都有细小的支钉痕。图案是印上去的。

（三）钧窑。跟定窑、汝窑一样，是宋瓷的名窑，在河南省禹县。釉色有美丽的天蓝色。

（四）修武窑。河南省修武县的窑，所烧瓷器以剔花装饰最负盛名。

（五）磁州窑。河北省磁县的窑，是华北规模最大的民窑。磁州窑以生产白釉黑彩瓷器著称于世。

长江以南的名窑约有：

（一）景德镇窑。这是中国最大的窑，唐代已经存在，至明清而达极盛。主要烧制青瓷，釉色清白而带有青色，极其美丽。

（二）龙泉窑。这是南宋时期中国最大的青瓷产地。窑址在浙江省龙泉市附近。自古以来，此地的青瓷就输往日本，以及韩国、东南亚一带。

（三）建窑。在今福建南平建阳区，南宋时期最兴盛。这里是著名的"曜变天目"跟"油滴天目"的产地。

此外，烧制"唐三彩"的技术也传到中国东北部，产生了所谓"辽三彩"。鸡冠壶跟筒式瓶是东北最具特色的器物。

元代是中国陶瓷史上的转换期，最值得注意的是景德镇窑青花技术的出现及其成就。由于这新技术的使用，景德镇窑的名气更高。在明清两代，景德镇窑的产品约占全国生产额的一半以上。北方各窑则因战事纷起，加上宋代抹茶情趣已为泡茶方式所取代，而逐渐没落。明初，在景德镇设有朝廷御用的官窑，明代的代表性瓷器都出于此。青花的优秀器物于明宣德时期最豪美，金彩跟五彩于明嘉靖、万历朝最盛。宋瓷的釉色严肃清纯，明代的青花与五彩则圆润而富诗意。

宋、元、明的漆艺，以描金、堆朱、螺钿等最盛行。堆朱是指在器物上重复涂上朱漆几十次，并在其上雕刻花鸟等。

另一方面，织染工艺也很发达。宋神宗时，在四川成都设锦院（皇家织染机构）；南宋初期，在浙江杭县设锦院。织染时使用所谓"缂丝"的技法，产品美如绘画，制作过程也很繁密细致。到明代，缂丝的技法逐渐简化，配以色彩，但不如宋代高贵美丽了。